CHANTS D'ALÉGRESSE,
HYMNES
ET COUPLETS PATRIOTIQUES,

Deſtinés pour célébrer les Décades, les Cérémonies publiques & le Triomphe des Français;

Recueillis & publiés par Germain Lenormand, Principal des Ecoles Françaiſes publiques.

I.er N°.

A ROUEN,

Chez LABBEY, Imprimeur, rue de la Liberté, ci-devant Martainville, N° 128.

DEUXIEME ANNÉE RÉPUBLICAINE.

LE Peuple Français, naturellement joyeux, exprime ſes ſentiments d'alégreſſe par des chants qui caractériſent la ſituation de ſon ame.

Il eſt aujourd'hui tout brûlant d'amour pour la liberté qu'il a conquiſe, pour l'égalité qu'il veut maintenir, & pour ſa patrie qu'il veut ſauver.

J'ai ſaiſi ces heureuſes diſpoſitions pour le mettre à même de ſe livrer à ſon penchant, en lui préſentant quelques Hymnes & Cantiques où reſpirent les élans du patriotiſme le plus pur.

Il eſt arrivé cet heureux temps où nos chants, nos plaiſirs & nos divertiſſements ne ſeront plus ſouillés par des expreſſions nuiſibles à la pureté de la langue françaiſe.

Les jeunes Poêtes, ſe livrant au feu de leur génie, chanteront le Dieu des combats durant la guerre ; ils enflammeront le courage de nos braves défenſeurs, qui reviendront dans leurs foyers recevoir la récompenſe qui les attend.

Ils chanteront l'amour & l'hymen, les douceurs de l'union conjugale, la naiſſance des enfants, les mœurs & les vertus ſociales ; ils chanteront un grand peuple de freres, réunis par les ſentiments de loyauté ; ils chanteront la liberté, l'égalité, la patrie & les vertus.

Nos jeunes filles & nos jeunes garçons apprendront ces Hymnes par cœur, & les chanteront dans nos fêtes civiques.

Quand nous célébrerons les Décades de *Meſſidor*, nous nous reſſouviendrons que le travail eſt le ſeul tréſor des Républicains, & qu'à force de retourner ſon champ, le Cultivateur voit les épis ſe multiplier ſur ſa ſurface.

Quand nous célébrerons les Décades de *Vendemiaire*, nous inviterons tous nos braves Républi-

cains à profiter des douceurs de Bacchus, mais de
n'en jamais faire aucun excès, par la raison que l'i-
vreſſe abrutit tout homme qui s'y abandonne.

Quand nous chanterons les avantages de la République, nous nous convaincrons bien que pour être
Républicains, il ne faut pas être égoïſtes, mais pré-
férer le bien général au bien particulier.

Un Républicain doit être actif, laborieux, tem-
pérant, ſobre, courageux, loyal, juſte, bienfaiſant
& inſtruit.

S'il n'a pas toutes ces qualités, il doit les acquérir.

S'il ne les acquiert point, il n'eſt pas digne d'être habitant d'une République.

Jeunes gens, profitez du bel âge ; inſtruiſez-vous
de bonne heure ; évitez la groſſiéreté dans vos ma-
nieres & dans votre langage ; adonnez-vous au travail ; rendez-vous propres au maniement des armes ;
ſoyez exacts à vos devoirs ſociaux ; rempliſſez votre promeſſe ; conſidérez tous les hommes comme
étant vos égaux, vos freres & vos amis ; faites-leur
tout le bien que vous voudriez que l'on fît à vous-
mêmes.

Livrez-vous enſuite aux plaiſirs honnêtes ; que
la décence ſoit l'âme de vos amuſements & de vos
plaiſirs gymnaſtiques ; que vos chants d'alégreſſe ne
bleſſent point les oreilles chaſtes.

Souvenez-vous, enfin, que pour être Républicains, il faut être vertueux.

FÊTE

FÊTE CIVIQUE,

Célébrée par les Citoyens de la Commune de Rouen, pour la deuxieme Décade de Nivos, deuxieme année de la République Françaife, une & indivifible, à l'occafion de l'heureufe nouvelle de la conquête de Toulon.

Paroles de G E R M A I N L E N O R M A N D, Principal des Ecoles publiques de la Commune de Rouen.

I.

INVOCATION.

Air : *O ma tendre Mufette !*

O Liberté chérie !
   Nous t'adreffons nos vœux ;
Délivre la Patrie
De fes jours nébuleux !
Eloigne les alarmes
De tous les cœurs français ;
Fais-leur goûter les charmes
D'une durable paix.

En chœur.

Eloigne les alarmes
De tous les cœurs français ;
Fais-leur goûter les charmes
D'une durable paix.

A

O Liberté chérie !
Déeſſe des mortels,
Tout Français ſe rallie
Autour de tes Autels :
Pour donner un exemple
A la poſtérité,
Nous venons dans ton Temple
Fêter l'Egalité.

En chœur.

Pour donner un exemple
A la poſtérité,
Nous venons dans ton Temple
Fêter l'Egalité.

O Liberté chérie !
Rends les humains heureux ;
Que le nœud qui nous lie
Enlace nos neveux :
Notre unique habitude
Reſpectera ta loi ,
Et notre ſeule étude
Sera la bonne foi,

En chœur.

Notre unique habitude
Reſpectera ta loi ,
Et notre unique étude
Sera la bonne foi.

O Liberté chérie !

Viens embrâser nos cœurs ;
Verse sur la Patrie
Tes plus rares douceurs :
Qu'un Peuple, tout de frères,
Soit uni pour jamais,
Et que des jours prospères
Secondent leurs projets.

En chœur.

Qu'un Peuple, tout de frères,
Soit uni pour jamais,
Et que des jours prospères
Secondent leurs projets.

AMOUR, Dieu de nos ames,
Viens animer nos sens,
Et que tes pures flammes
Dictent nos sentiments :
Rends les mortels sensibles,
Humains & généreux ;
Que sous leurs toits paisibles
Ils vivent tous heureux !

En chœur.

Rends les mortels sensibles,
Humains & généreux ;
Que sous leurs toits paisibles
Ils vivent tous heureux !

2,

LA LIBERTÉ.

Air : *Ciel, l'univers va-t-il donc se dissoudre ?*

OUI, trop long-temps la discorde, la guerre,
Ont affligé les malheureux mortels !
Retenons l'affreux tonnerre,

Ses effets sont trop cruels ,
Quand sur la terre
J'ai des autels :
Que la paix , que l'amour,
   La bienfaisance
   Et l'abondance,
Aux Arts brillants donnent enfin le jour.

En chœur.

Que la paix , que l'amour,
   La bienfaisance
   Et l'abondance ,
Aux Arts brillants donnent enfin le jour.

3.

L A   P A I X.

Air : *Phœbus va commencer sa nouvelle carriere.*

Musique du citoyen CORDONNIER.

NON, je ne puis fixer parmi vous mon asyle ;
De féroces Tyrans infectent vos sentiers ;
Chassez de ces climats cette cohorte vile ,
   Qui trouble nos foyers,
   Qui trouble nos foyers.

En chœur.

Chassons de ces climats une cohorte vile ,
   Qui trouble nos foyers,
   Qui trouble nos foyers.

Si les Rois déchaînés vous déclarent la guerre,
Français, que craignez-vous ? Suivez votre valeur :
S'il prend la foudre en main, s'il s'arme du tonnerre,

(5)

Tout Français est vainqueur ,
Tout Français est vainqueur.

En chœur.

Prenons la foudre en main, armons-nous du tonnerre ,
Tout Français est vainqueur,
Tout Français est vainqueur.

4.

BELLONE AUX FRANÇAIS.

Air : *Des Trembleurs.*

GUERRIERS, la trompette sonne,
Le feu brille , l'airain tonne ,
Suivez les pas de Bellone ;
Vous êtes tous gens d'honneur :
Sur Toulon , Commune infâme,
Sur ses habitants sans âme ,
Vomissez le fer , la flamme ,
L'Anglais y tremble de peur.

5.

LA RENOMMÉE

RACONTANT CE QU'ELLE A VU,

Même air.

TEL on voit l'essaim d'abeilles
Hâter le fruit de ses veilles ,
Les Français font des merveilles ,
La mort tombe à chaque pas ;
L'Anglais, sûr de sa défaite ,
Voit sa déroute complette ;
Et sa honteuse retraite
Le sauve à peine au trépas.

A 3

6.

LA REPRISE DE TOULON.

Air : *De la Montagne.*

TOULON envahi des Anglais
Par une trahison perfide ;
Toulon repris par les Français,
Prouve leur courage intrépide :
L'Anglais est rongé de remords,
La honte est le lot de l'Espagne ;
Ils sont tombés sous les efforts
Des fils de la Montagne,
Des fils de la Montagne.

En chœur.

Ils sont tombés sous les efforts
Des fils de la Montagne,
Des fils de la Montagne.

Des vils esclaves d'Albion
On sait que les lâches cohortes
Ont le courage du Lion
Si-tôt qu'on leur ouvre les portes.....
Pour surprendre un pays vendu,
Vivent l'Angleterre & l'Espagne !
Mais le reprendre, ce n'est dû
Qu'aux fils de la Montagne,   } *bis.*
Qu'aux fils de la Montagne.

Vils satellites, armez-vous,
Venez des quatre coins du monde,
Nous méprisons votre courroux,
Sur la terre comme sur l'onde.

Les Enfants de l'Egalité
Bravent la Prusse & l'Allemagne ,
Ils ont placé la Liberté
Au haut de la Montagne ,
Au haut de la Montagne.

FRANÇAIS , braves Républicains ,
Jouissez de votre conquête ;
Des lauriers cueillis par vos mains
Nous allons orner votre tête.
Quand la victoire suit vos pas ,
Qu'elle est toujours votre compagne ,
La gloire aussi vous tend les bras
Du haut de la Montagne ,
Du haut de la Montagne.

TOULON , tes traîtres habitants
T'avaient réduit dans l'esclavage ;
Les vils despotes, les tyrans,
De tes trésors faisaient partage.
Ton nom est flétri pour jamais ,
A dater de cette campagne ,
Et ton port sera désormais
Le port de la Montagne ,
Le port de la Montagne.

PEUPLE franc , abandonnes-toi
Aux doux transports de ton délire,
Chantes l'Egalité, la Loi ,
Et que la Liberté t'inspire :
Pour disperser tes ennemis
Il ne te faut qu'une campagne.
Va , reviens trouver tes amis ,
Ils sont sur la Montagne ,
Ils sont sur la Montagne.

QU'ENTENDS-JE dans ce fouterrain ?
Quelle eft cette voix gémiffante ?
Defcendons, tendons-lui la main ;
Sauvons l'humanité fouffrante :
Ciel ! c'eft BEAUVAIS ! .... *Ah ! mes amis !*
Sauvez celui qui m'accompagne ;
Sauvez PREAU ! .... Nous fommes fils
De la faine Montagne.

QUOI ! vous, Sauveurs de l'univers,
Vrais foutiens de la République !
Quoi ! vous êtes chargés de fers
Par le forfait le plus inique !
Venez ! les Français font vainqueurs
De l'Angleterre & de l'Efpagne ;
Ils vous couronneront de fleurs
Au haut de la Montagne.

7.

A LA LIBERTÉ.

Air : *Phœbus va commencer fa nouvelle carriere.*

Mufique du citoyen CORDONNIER.

REVIENS, aimable paix, confoler ma patrie ;
Les tyrans font tombés dans l'ombre de la nuit :
Nous ne redoutons plus leur lâche perfidie ,
    La honte en eft le fruit,
    La honte en eft le fruit.

En chœur.

Nous ne redoutons plus leur lâche perfidie ,
    La honte en eft le fruit,
    La honte en eft le fruit.

Ramènes les beaux arts, les plaifirs, l'innocence;
Viens ranimer nos jeux, nos danfes & nos chants;
Ramènes le bonheur, ramènes l'abondance
Au milieu de nos champs,
Au milieu de nos champs.

En chœur.

Ramènes le bonheur, ramènes l'abondance
Au milieu de nos champs,
Au milieu de nos champs.

Viens fixer ton féjour dans notre République;
Viens jouir des douceurs de la fraternité;
Viens chanter avec nous le fublime Cantique
De notre Liberté,
De notre Liberté.

En chœur.

Viens chanter avec nous le fublime Cantique
De notre Liberté,
De notre Liberté.

Sous tes aimables Loix les Français feront frères;
L'innocence en tout temps dirigera nos cœurs;
Les folles paffions nous feront étrangères;
Nous chérirons les mœurs,
Nous chérirons les mœurs.

En chœur.

Les folles paffions nous feront étrangères;
Nous chérirons les mœurs,
Nous chérirons les mœurs.

8.

Air : *La Carmagnole.*

LEs Français ont repris Toulon,   (*bis.*)
Et cela n'a pas été long ;   (*bis.*)
    Quelques coups d'espingole
    Leur en a fait raison :

(Citoyens, dame c'est qu'un Républicain n'y va pas
de main-morte.)
        Dansons la Carmagnole,
            Vive le son,
            Vive le son ;
        Dansons la Carmagnole,
            Vive le son
            Du Canon.

Par la porte on entre aisément,   (*bis.*)
Quand on ouvre chaque battant ;   (*bis.*)
    L'Anglais, tel qu'un Jean-Gnole,
    Trouva cela très-bon :

(Eh ! mais les traîtres à qui Pitt & Cobourg avoient
    donné des Guinées , ont trouvé aussi cela très-
bon.)

        Dansons la Carmagnole ,
            Vive le son,
            Vive le son ;
        Dansons la Carmagnole,
            Vive le son
            Du Canon.

Vîtes-vous jamais un Renard   (*bis.*)
Attrapé dans traquenard ?   (*bis.*)
          L'Anglais fit une école
          En entrant dans Toulon :

(On a bien vu comment il y étoit entré, voyons
maintenant comment il en va fortir.)

          Danfons la Carmagnole ,
               Vive le fon ,
               Vive le fon ;
          Danfons la Carmagnole ,
               Vive le fon
                    Du Canon.

MILLE bouches d'airain, dans l'air ,   (*bis.*)
Vomiffoient la flamme & le fer;   (*bis.*)
          Chaque bombe qui vole
          Embrâfe une maifon :

(L'Anglais qui ne veut pas être grillé tel qu'un
Rossbiff, fe cachait dans les caves.)

          Danfons la Carmagnole ,
               Vive le fon ,
               Vive le fon ;
          Danfons la Carmagnole ,
               Vive le fon
                    Du Canon.

Nos Républicains , fils de Mars ,   (*bis.*)
Placent des crampons aux remparts ; (*bis.*)
          Chaque Soldat s'accole
          A chacun échelon.

(Les poltrons d'Anglais font tranfis de frayeur ,
& fe jettent à la hâte dans les vaiffeaux du Port.)

Danſons la Carmagnole,
Vive le ſon ,
Vive le ſon ;
Danſons la Carmagnole ,
Vive le ſon
Du Canon.

On pardonne aiſément la peur ,   (*bis.*)
Vis-à-vis gens pleins de valeur   (*bis.*)
L'Anglais ſuit tel qu'Eole
Au ſéjour d'Albion.

(Ma foi , il eſt des moments où l'on eſt fort heureux d'avoir des jambes.)

Danſons la Carmagnole,
Vive le ſon ,
Vive le ſon ;
Danſons la Carmagnole,
Vive le ſon
Du Canon.

Amis , célébrons des Anglais ,   (*bis.*)
Et le courage & les hauts faits ,   (*bis.*)
Portons au Capitole ,
Et leur gloire & leur nom.

(Eh ! pourquoi pas ? Eſt-ce que recevoir des coups
de pied au cul , ou la baïonnette dans le dos , ne
ſont pas des bleſſures à la guerre ?)

Danſons la Carmagnole ,
Vive le ſon ,
Vive le ſon ;
Danſons la Carmagnole ,
Vive le ſon
Du Canon.

COUPLETS

COUPLETS PATRIOTIQUES.

9.

HYMNE DES MARSEILLAIS.

ALLONS, Enfants de la Patrie,
Le jour de gloire est arrivé;
Contre nous de la tyrannie,
L'étendard sanglant est levé.   (*bis.*)
Entendez-vous dans les campagnes
Mugir ces féroces Soldats ?
Ils viennent, jusques dans vos bras,
Egorger vos Fils, vos Compagnes.
Aux armes, Citoyens, formez vos bataillons;
Marchez, *bis.* Qu'un sang impur abreuve nos sillons.

Que veut cette horde d'esclaves,
De traîtres, de Rois conjurés ?
Pour qui ces ignobles entraves,
Ces fers dès long-temps préparés ?   (*bis.*)
Français, pour nous, ah ! quel outrage !
Quel transport il doit exciter !
C'est nous qu'on ose menacer
De rendre à l'antique esclavage.
Aux armes, &c.

Quoi ! des cohortes étrangeres
Feraient la Loi dans nos foyers !
Quoi ! ces phalanges mercenaires
Terrasseraient nos fiers Guerriers !   (*bis.*)
Grands Dieux ! par des mains enchaînées

B

Nos fronts sous le joug se ploieraient ?
De vils esclaves deviendraient
Les Maîtres de nos destinées !
Aux armes, &c.

TREMBLEZ, Tyrans, & vous, perfides,
L'opprobre de tous les partis ;
Tremblez, vos projets parricides
Vont enfin recevoir leur prix.   (*bis.*)
Tout est soldat pour vous combattre ;
S'ils tombent nos jeunes Héros,
La France en produit de nouveaux,
Contre vous tout prêts à se battre.
Aux armes, &c.

FRANÇAIS, en guerriers magnanimes,
Portez ou retenez vos coups ;
Épargnez ces tristes victimes,
A regret s'armant contre nous.   (*bis.*)
Mais ces Despotes sanguinaires,
Mais les complices de Bouillé,
Tous ces tigres qui sans pitié
Déchirent le sein de leur mere.
Aux armes, &c.

AMOUR sacré de la Patrie,
Conduis, soutiens nos bras vengeurs.
Liberté, Liberté chérie,
Combats avec tes défenseurs.   (*bis.*)
Sous nos drapeaux que la victoire
Accoure à tes mâles accents ;
Que tes ennemis expirants
Voient ton triomphe & notre gloire.
Aux armes, Citoyens, formez vos bataillons ;
Marchez. *bis.* Qu'un sang impur abreuve nos sillons.

10.

Air : *des Marseillais.*

FRANÇAIS, cette Cité perfide,
Des vils Anglais honteux butin,
A tombé sous l'effort rapide
Du courage Républicain.   (*bis.*)
Toulon n'est plus ; juste vengeance,
Tu viens d'éclater sur ce Port,
Le fer, le carnage & la mort
Viennent de le rendre à la France.
Gloire à la liberté ; Gloire à ses défenseurs,
Toulon *bis* est expirant sous leurs foudres vengeurs.

PITT, infâme artisan de crimes,
Voilà le prix de tes forfaits !
Tes satellites sont victimes
De tes homicides projets.   (*bis.*)
Tremble ! leur destin te menace,
Ton châtiment suivra leurs maux,
Par toi leur sang coule à grands flots,
Mais le tien rougira ta trace :
Gloire à la Liberté, gloire à ses défenseurs,
Par eux bientôt Pitt tombera sous leurs foudres
          vengeurs !

Paroles de DENISE.

11.

Même air.

GRACE aux Enfants de la Patrie,
Pitt & les siens sont confondus ;
Les Drapeaux de la tyrannie

(16)

Dans les flots se font tous perdus.   (*bis.*)
Que des Anglais la race immonde,
En expirant dans nos foyers,
Ne dérobe plus les lauriers
Destinés aux vainqueurs du monde.
Courage, mes amis ; marchons sur les Anglais ;
Vengeons *bis* notre pays & le sang des François.

Paroles de VERNON.

12.

Air : *Aussi-tôt que la lumiere.*

ALLONS, braves Sans-Culottes,
Les Tyrans seront vaincus ;
Espérons que les Despotes
Ne nous enchaîneront plus :
Par une vive allégresse
Il faut fêter les vertus ;
Que pour nous tout trouble cesse,
L'infâme Toulon n'est plus.

Il faut chanter la victoire
De tous nos braves Guerriers,
Et pour ces moments de gloire,
Il faut cueillir des lauriers :
Tous les Tyrans de la terre
Sont en vain coalisés,
Par nos amis, par nos freres,
Ils seront tous terrassés.

O vous, Anglais sanguinaires !
Nous irons jusques chez vous !

Dans le fond de l'Angleterre
Nous irons porter nos coups.
Vous paſſiez pour être libres ,
Mais nous voyons à vos faits
Que vous n'êtes que des tigres
Avides du ſang français.

COMMENT , ſous une couronne ,
Pourriez-vous goûter jamais
Tous les droits ſacrés que donne
La Liberté des Français ?
Toulon , cette ville , infâme ,
Vous a reçu dans ſon bord ,
Mais au port de la MONTAGNE
Vous rencontrerez la mort.

Par la citoyenne LEBLOND.

13.

Air : *Mon honneur dit que je ſerais coupable.*

RÉPUBLICAINS , oh ! la bonne nouvelle ,
  Pitt & Cobourg ſont bien dans l'embarras ;
Toulon eſt pris ! cette Cité rebelle
Vient de céder à nos vaillants Soldats :
Ne craignons plus leur intrigue cruelle ,
Leur trahiſon les conduit au trépas.   (*bis.*)
Républicains , oh ! la bonne nouvelle ,
Pitt & Cobourg ſont bien dans l'embarras.

LES Toulonnais , voyant leur impuiſſance ,
Se ſont rendus aux efforts des Français ;
Reconnoiſſons la céleſte vengeance

B 3

Qui fait punir aujourd'hui les forfaits :
Jeunes guerriers, dans nos chants d'alégresse,
Nous publierons vos généreux exploits,
Ivres un jour dans une douce ivresse,
D'exterminer les Tyrans & les Rois.　　(bis.)

Vils scélérats, brigands de la Vendée,
Préparez-vous à tomber sous nos coups ;
De l'Éternel la justice irritée
Va déployer son trop juste courroux :
Tremblez ! tremblez ! nos droits sont légitimes,
Nous combattrons pour notre Liberté ;
Nous vengerons le sang de nos victimes,
Nous chanterons, vive l'Egalité !

14.

O D E.

QUEL feu s'allume dans mes veines,
Et se répand dans tout mon corps !
　　Des passions républicaines
J'éprouve les brûlants transports.
Brutus, toi qui de ta patrie,
Soutint la liberté trahie,
Qui des Romains brisas les fers,
Viens, préside aux sons de ma lyre,
Et que ta sagesse m'inspire
Ce qu'il faut dire à l'univers.

❧

Mais, quelle beauté ravissante
S'offre à mes regards éperdus !
Elle est l'image ressemblante

De l'éloquence & des vertus;
Liberté, sublime génie,
Divinité de ma patrie,
Règne sur les débris des Rois;
Il est des peuples qui t'adorent;
Il en est aussi qui t'ignorent;
Daigne leur parler par ma voix.

Lorsque les Tyrans de la France
Étaient d'esclaves entourés,
Les mœurs trahissaient l'innocence;
Les vices étaient consacrés.
Toujours les préjugés injustes
Étouffaient les discours augustes
Que répandait la vérité.
Honteuse & ridicule entrave!
Voltaire n'était point esclave,
Mais Rousseau fut persécuté.

Fortune perfide & légère,
Où sont passés tes favoris?
Ils ont enfin quitté la terre
Où ton poison les a nourris.
Va, rejoins ces hommes stupides,
Porte-leur tes présens perfides;
Mais indigne de notre encens,
Sache que dans les Républiques
Les richesses y sont publiques,
Et tous les hommes y sont grands.

Vous! que les Tyrans sacrifient
Au pouvoir de vous avilir,
Vos sentimens vous justifient,

Vous méritez de les fervir,
Lâches, liés par la fortune,
La lumiere vous importune,
L'efclave aime l'obfcurité.
Nous, Républicains, au contraire,
Plus la nature nous éclaire,
Plus nous aimons la liberté.

Chez nous la fublime nature
Donne le principe à nos loix ;
De l'orgueil & de l'impofture,
Nous ne connoiffons plus la voix ;
Une fraternelle harmonie
Nous raffemble autour du génie,
Qui prépare notre bonheur ;
Et là, chaque nouvelle aurore,
Dans l'âme qui fommeille encore,
Eclaire & diffipe l'erreur.

De mes foyers, pénible abfence,
Quand par tois j'en fus entraîné,
Je regrettois la jouiffance
Des lieux chéris où je fuis né ;
Mais, union, bonheur fuprême,
Préfent de la liberté même,
Quand par toi nous fommes conduits,
N'importe fous quelle hémifphère ;
Mes foyers, mes dieux & mon père,
Je retrouve tout où je fuis.

PEUPLES, qu'une longue habitude
Tient encor dans l'oppreffion,
Dans une fervile attitude,

Vous insultez ma nation ;
Mais quel sera votre partage !
Tous ceux dont vous savez la rage,
Seront un jour anéantis ;
Et leurs trônes dans la poussière,
Pourront vous rendre la lumière,
Mais ne vous rendront pas vos ans.

Un seul regard d'un Roi vous dompte,
Et vous méprisez ses débris !
Vous osez traîner votre honte
Vous d'immortels Républicains !
Qu'elle est folle, votre espérance !
Croire de la raison, en France
Éteindre l'éternel flambeau !
Allez, votre attente est frivole,
Si la France n'est votre école,
Elle sera votre tombeau.

Cessez, peuples, cessez de croire
Asservir jamais les Français ;
Ne croyez pas que la victoire
Se souillera de vos succès :
Votre querelle est trop injuste,
Vous ne vaincrez pas l'homme auguste
Qui combat pour la liberté :
C'est la Déesse qui l'enflâme,
Qui, donnant l'essor à son âme,
L'éleve à l'immortalité.

La majesté républicaine
A-t-elle les tons abhorrés,
Et l'insolence souveraine

Des Tyrans que vous adorez ?
La fageſſe de ſes maximes ,
La grandeur de ſes traits ſublimes,
Forment des hommes généreux ,
Qui , dévoués à la Patrie ,
Ne mettent de prix à la vie
Que quand tout le monde eſt heureux.

Par Boua.

15.

Air : *du Parfait-Amour en liqueur ,* ou , *Un Cordelier
dit à Liſette , la rencontrant ſeule au dortoir.*

MES amis, fêtons les Décades ,
Ce ſont-là nos jours de repos ;
Délaſſons-nous de nos travaux ,
Divertiſſons-nous , camarades ;
Car dans la joie , un bon Français   (*bis.*)
Vole à grands pas droit au ſuccès.   (*bis.*)

⁂

METTONS de côté les affaires ,
Les noirs ſoucis & le chagrin :
Noyons tout cela dans le vin ,
Buvons enſemble comme freres ;
Car en buvant , tout bon Français   (*bis.*)
Vole à grands pas droit au ſuccès.   (*bis.*)

⁂

CÉLÉBRONS le Dieu des Vendanges
Et la Déeſſe des Moiſſons :
Que nos Cantiques, nos Chanſons,
Embrâfent nos braves Phalanges ;
Car en chantant , tout bon Français   (*bis.*)
Vole à grands pas droit au ſuccès.   (*bis.*)

ACCOUREZ, Meres de famille,
Venez, fecondez nos defirs :
Soyez l'âme de nos plaifirs ;
Vous, votre Fils & votre Fille ;
Car en danfant, tout bon Français   (*bis.*)
Vole à grands pas droit au fuccès.   (*bis.*)

ENNEMIS de notre Patrie,
Tremblez, vos efforts feront vains :
Et vous, Defpotes inhumains,
Le Patriote vous défie ;
Car au combat, tout bon Français (*bis.*)
Vole à grands pas droit au fuccès. (*bis.*)

PITT & COBOURG nous font la guerre
Par intrigue & par trahifon,
Ils répandent l'or à foifon,
Pour pénétrer fur notre terre :
Marchons, amis, combattons-les,   (*bis.*)
Tous Français eft sûr du fuccès.   (*bis.*)

Par LENORMAND.

16.

Air : *Auffi-tôt que la lumiere.*

CITOYENS, le cri de guerre
S'eft fait entendre en nos murs ;
Volons tous vers la Frontiere,
Et frappons-y des coups sûrs :
Combattons en Sans-Culottes,
Pulvérifons les Tyrans ;

Assommons tous les Despotes,
Terrassons tous les brigands.

AUTREFOIS, Peuple d'esclaves,
Les Français étaient soldats ;
Ils étaient vaillants & braves,
Courageux dans les combats :
La défaite ou la victoire
Ne changeaient point leur revers ;
Les Tyrans avaient la gloire,
Les Héros rentraient aux fers.

MAINTENANT le Français libre ,
Ne met le glaive à la main,
Que pour garder l'équilibre
De son sceptre souverain :
Vils Despotes de la terre,
Voilà votre arrêt de mort ;
Car toujours un téméraire
Doit subir un triste sort.

DÉJA la trompette sonne ;
Français, vous êtes soldats ;
Sur les traces de Bellone,
Marchez, volez aux combats ;
Soyez sûrs de la conquête,
Vous êtes braves Guerriers ;
Et bientôt sur votre tête
Nous poserons les lauriers.

Par LENORMAND.

Air :

17.

Air · Mon pere étoit pot.

HERCULE, ce Héros fameux,
Fils du Dieu du tonnerre
De cent mille monftres affreux
A fu purger la terre :
    Ses travaux fi grands
    Sont des jeux d'enfants :
    Prouvons ce que j'avance ;
    Difons ce qu'ont fait,
    Par un feul Décret,
    Les Députés de France.
En chœur. Difons ce qu'ont fait, &c.

LE Sanglier & le Lion,
Le Taureau de la Crête,
Les Centaure, les Gérion,
Cerbere à triple tête ;
    De tels animaux
    Etaient des agneaux
    Auprès du defpotifme ;
    Ses jours font finis,
    Malgré les hauts cris
    Du fougueux fanatifme.
En chœur. Ses jours font finis, &c.

DE la chicane & fes fuppôts
La cohorte infernale
Reffemblait à ces vils oifeaux
Des rives du Stymphale,
    D'autres animaux,

Noirs comme Corbeaux,
Gris, barbus en sandale,
Sont au rang des morts,
Malgré les efforts
De la foudre papale.
En chœur. Sont au rang des morts, &c.

ET Diomède & ses chevaux,
Mangeurs de chair humaine,
A tous les Fermiers Généraux
Ne ressemblaient qu'à peine ;
Quoiqu'il fût nerveux,
Alcide auprès d'eux
Aurait eu fort à faire ;
Mais nos Députés
Les ont culbutés,
Ils mordent la poussiere.
En chœur. Mais nos Députés, &c.

ALCIDE eut passé vainement
Tout le temps de sa vie
A combattre le dur Géant
De l'ARISTOCRATIE :
Hercule vaincu
Serait descendu
Dans le fond de l'Averne ;
Mais il l'eût dompté
S'il eût décrété
La Loi qui nous gouverne.
En chœur. Mais il l'eût dompté, &c.

Par LENORMAND.

18.

Air : Un Cordelier d'une humeur fort bizarre.

AMIS. ne gardons plus un trop morne filence,
Que l'écho de nos voix retentiffe en ces lieux ;
    Que la reconnoiffance
    S'élève vers les Cieux,
    Jufques en la préfence
    Des Dieux.
En chœur. Que la reconnaiffance , &c.

VIVE la Liberté, les Loix & la Patrie !
Le Français trop long-temps fut un peuple de ferfs.
    O liberté chérie !
    Regne fur l'Univers :
    Que l'homme libre oublie
    Ses fers.
En chœur. O Liberté chérie ! &c.

A défendre fes droits , que l'on goûte de charmes !
Si nous reftons unis, nous ferons toujours forts.
    Français, courons aux armes ,
    Et redoublons d'efforts ;
    Nos Tyrans en alarmes
    Sont morts.
En chœur. Français courons aux armes , &c.

DESPOTES orgueilleux , qui nous faites la guerre,
Infenfés, qui croyez pouvoir nous affervir,
    L'Efclave qu'on enferre

Eſt forcé d'obéir ;
Mais un Français préfere
Mourir.

En chœur. L'eſclave qu'on enferre, &c.

Par LENORMAND.

19.

Air : *La Carmagnole.*

RÉJOUISSONS-NOUS, Citoyens, (*bis.*)
Ce jour reſſerre nos liens , (*bis.*)
    Que le chagrin s'envole,
    Il n'eſt plus de ſaiſon.
    Danſons la Carmagnole ,
      Vive le ſon ,
      Vive le ſon ;
    Danſons la Carmagnole ,
      Vive le ſon
      Du canon.

Nous ſommes rentrés dans nos droits, (*bis.*)
Le deſpotiſme eſt aux abois ; (*bis.*)
    Il pleure, il ſe déſole,
    Il fait le furibond.
    Danſons la Carmagnole, &c.

DE nos Tyrans coaliſés , (*bis.*)
Les ſceptres de fer ſont briſés , (*bis.*)
    Eux & leur gloriole
    Ont dû faire faux-bond.
    Danſons la Carmagnole, &c.

LES Anglais, Pruſſiens, Autrichiens, (*bis.*)
Ne ſont qu'un ramas de vauriens : (*bis.*)
　　　Quelques coups de bricole
　　　Nous en feront raiſon.
　　　　Danſons la Carmagnole, &c.

EN dépit des accapareurs, (*bis.*)
Et des larrons & des voleurs;
　　　Malgré tout malévole,
　　　Nos bleds reparaîtront.
　　　　Danſons la Carmagnole, &c.

SI quelqu'un d'eux fait le mutin, (*bis.*)
Voici le remede certain; (*bis.*)
　　　Que ſa tête s'envole
　　　Au ſéjour de Pluton.
　　　　Danſons la Carmagnole, &c.

QUANT à nous, freres & amis, (*bis.*)
Soyons fermes, ſoyons unis; (*bis.*)
　　　Tenons-nous tous parole;
　　　Chantons à l'uniſſon.
　　　Danſons la Carmagnole,
　　　　Vive le ſon,
　　　　Vive le ſon;
　　　Danſons la Carmagnole,
　　　　Vive le ſon
　　　Du canon.

Par LENORMAND.

C 3

20.

Air : *Des Bergères du hameau, Babet était la plus belle.*

POUR foudroyer les Tyrans,
   Peuple, arme-toi du tonnerre ;
Tu dois en purger la terre,
Ils ont vécu trop longs-temps :
Hâte-toi de les dissoudre,
Ils sont déja par toi vaincus.
Quand on veut avoir le dessus,
Il n'est qu'être à son bled moudre.
En chœur. Quand on veut avoir le dessus, &c.

Garde-toi qu'en ton Pays
Aucun traître ne séjourne ;
Tout châtiment qu'on ajourne
Semble le crime permis :
Réduis le méchant en poudre,
Afin qu'il ne renaisse plus ;
Quand on veut avoir le dessus,
Il n'est qu'être à son bled moudre.
En chœur. Quand on veut avoir le dessus, &c.

Des Tyrans coalisés
Jour & nuit veulent te nuire ;
Peuple, songe à les détruire,
Que leurs sceptres soient brisés :
Que ta main prenne la foudre,
Leurs efforts seront superflus ;
Quand on veut avoir le dessus,
Il n'est qu'être à son bled moudre.
En chœur. Quand on veut avoir le dessus, &c.

Par LENORMAND.

21.

Musique à grande symphonie du citoyen PUNTO.

DESCENDS du haut des Cieux, ô Liberté chérie !
Quitte pour un instant ton séjour éternel ;
Vois ton Peuple adoptif, au nom de la Patrie,
Encenser ton Autel.

DÉESSE des Français, viens recevoir l'hommage
D'un Peuple souverain qui te doit ses succès ;
Viens combattre avec lui, termine ton ouvrage,
Jouis de tes bienfaits.

ASSEZ & trop long-temps le cruel despotisme
Nous a tenus courbés sous ses barbares loix ;
Ton bras a terrassé l'hydre du fanatisme
Et le dernier des Rois.

EN vain les vils Tyrans de l'Europe abusée
Ont armé contre nous des milliers de soldats ;
Leurs efforts seront vains, bientôt la Renommée
Publiera leur trépas.

TU parais ! & déjà, créé par ton sourire,
Notre bonheur renaît du sein de nos malheurs ;
L'humanité par toi recouvre son empire,
Et fait sécher nos pleurs.

DIVINE Liberté ! doux charme de la vie !
Aux fiers Républicains accorde tes faveurs ;
La France est sous tes Loix, qu'elle soit ta patrie,
Ton temple est dans nos cœurs.

DESCENDS du haut des Cieux, ô Liberté chérie
Partage le plaisir qu'inspire un si beau jour ;
Viens, reçois le serment que te fait la Patrie
D'un éternel amour.

22.

Air : *C'est ce qui nous console.*

FRANÇAIS, chantons la Liberté,
Et que l'aimable Egalité
Soit toujours sa compagne ; (*bis.*)
Que le niveau, que le bonnet,
Soit arboré sur le sommet
De la saine Montagne. (*bis.*)

PRINCES, Ducs, Marquis, Orgueilleux,
Vous faisiez dater vos aïeux
Du temps de Charlemagne : (*bis.*)
Nous méprisons vos titres vains,
Car celui de Républicains
Nous vient de la Montagne. (*bis.*)

PRÉLATS, Abbés crossés, mitrés,
Et mille autres faquins titrés
Se sont mis en campagne : (*bis.*)
Tandis qu'ils font de vains efforts,
Nous ! nous entassons leurs trésors
Au haut de la Montagne. (*bis.*)

LES trônes sont pulvérisés ;
Tous les Tyrans coalisés

Sont partis pour l'Efpagne : (*bis.*)
Mais pour battre les Autrichiens,
Les Efpagnols & les Pruffiens,
Nous avons la Montagne. (*bis.*)

Du temps de l'imbécillité,
L'on a vu la fatuité
Encenfer les Defpotes ; (*bis.*)
Mais aujourd'hui la vérité,
En célébrant l'Egalité,
Chante les Sans-Culottes. (*bis.*)

Par LENORMAND.

23.

VEILLONS au falut de l'Empire,
Veillons au maintien de nos Loix.
Si le defpotifme confpire,
Confpirons la perte des Rois.
Liberté,
Liberté,
Que tout mortel te rende hommage !
Tyrans,
Tremblez,
Vous allez expier vos forfaits.
Plutôt la mort que l'efclavage,
C'eft la devife des Français.

Du falut de notre Patrie
Dépend celui de l'Univers ;
Si jamais elle eft affervie,
Tous les peuples font dans les fers.
Liberté,
Liberté,

Venge-nous de la perfidie !
Tyrans ,
Tremblez ,
Vous allez expier vos forfaits.
Nous fervons la même Patrie ,
Les hommes libres font Français.

ENNEMIS de la tyrannie ,
Paraiffez tous , armez vos bras.
Du fond de l'Europe avilie ,
Marchez avec nous aux combats ;
Liberté ,
Liberté ,
Que ton nom facré nous rallie !
Tyrans ,
Tremblez ,
Vous allez expier vos forfaits.
Vivre ou mourir pour la Patrie ,
Voilà le ferment des Français.

24.

Air : De la croifée.

ON a mille goûts différents ,
On fait mille choix dans ce monde,
L'un veut toujours courir les champs ,
Et l'autre voyager fur l'onde ;
L'un de la ville aime le bruit ,
L'autre la paix de la campagne ;
Tel court la plaine & tel la fuit :
Moi, j'aime la Montagne. (bis.)

DANS un maris toujours fangeux
De noires vapeurs empoifonnent ;

Mille reptiles venimeux ,
Infectes piquants y foifonnent !
Un athmofphere épais , obfcur,
Souvent y cache la campagne ;
Mais pour la vue & pour l'air pur ,
   Il n'eft que la Montagne. (*bis.*)

Qui de ce bienfaifant ruiffeau
Peut arrêter le cours rapide ?
Qui peut corrompre ainfi fon eau ,
Si ce n'eft ce marais fétide ?
Il le change en bourbier fatal
Pour l'habitant de la campagne ;
Son onde était comme un cryftal ,
   Sortant de la Montagne. (*bis.*)

Dans une plaine on craint fouvent
La pluie, ou la grêle, ou l'orage ;
Dans la plaine regne le vent ,
Et creve fouvent le nuage.
Ce tonnerre qui fait trembler ,
Quand l'éclair brillant l'accompagne,
Sous tes pieds vois-le fe former
   Du haut de la Montagne. (*bis.*)

La vertu nous place très-haut ,
Le vice abaiffe, il humilie.
On rampe quand on eft un fot ,
On s'éleve avec du génie.
Au Parnaffe un auteur gravit ,
S'il veut la gloire pour compagne,
Le dieu du goût & de l'efprit
   Siege fur la Montagne. (*bis.*)

QUAND Dieu fit entendre ſa voix
A l'Hébreu rebelle & volage,
Quand l'Eternel donna des loix
Qui devaient le rendre plus ſage ;
Pour prononcer de tels arrêts
Il ne s'eſt pas mis en campagne ;
Mais il a dicté ſes décrets
  Du haut de la Montagne. (*bis.*)

TOUS les traîtres ſeront punis,
Leurs remords nous vengent d'avance ;
Tous les Deſpotes réunis
Reſpecteront bientôt la France.
Marchons pour les écraſer tous,
Depuis le Nord juſqu'à l'Eſpagne ;
Républicains, raſſemblons-nous
  Autour de la Montagne. (*bis.*)

LORSQUE nous célébrons Bacchus
Et ſa liqueur enchantereſſe ;
Quand nous buvons ſon divin jus
Au moment de notre alégreſſe :
Nous ſavons bien qu'en un marais
Où l'eau croupit & qu'elle ſtagne,
L'excellent vin n'y croît jamais,
  Il croît ſur la Montagne. (*bis.*)

Air :

25.

Air : *Allons , enfants de la Patrie.*

SUPERBES filles de mémoire ,
Que vos mains treſſent des lauriers ,
Que les trompettes de la gloire
Célèbrent nos vaillants guerriers ! (*bis.*)
La terre de ſang inondée ,
Atteſte nos brillants ſuccès ;
Le glaive a puni les forfaits
Des ſcélérats de la Vendée.
Ne vous repoſez pas , deſtructeurs des Tyrans ,
Marchez , *bis* ; juſqu'au dernier , écraſez ces brigands.

LE Prêtre impur & fanatique
Dans la Vendée , ivre de fiel ,
Parmi la horde catholique ,
Prêchoit le ſang au nom du Ciel. (*bis.*)
Nos Soldats ont purgé le monde
D'un Tigre long-temps renaiſſant ;
Le monſtre qui prêchoit le ſang ,
S'eſt noyé dans ſon ſang immonde.
Ne vous repoſez pas , &c.

EN combattant pour les couronnes ,
Les inſolents ne ſavaient pas
Que le peuple en briſant les trônes ,
Réduit en poudre leurs ſoldats. (*bis.*)
Le peuple reſſemble au tonnerre ,
Frappant les cedres élancés :
Les arbriſſeaux ſont écraſés ,
Quand l'arbre altier tombe par terre.
Ne vous repoſez pas , &c.

D

Nos Soldats au fédéralifme ,
Ont fait une forte leçon ;
En vain fon lâche fanatifme
Voulait diftiller fon poifon. (*bis.*)
Il a reconnu dans fa rage,
Aux coups que leurs bras ont porté ,
La puiffance de l'unité ,
Par l'unité de leur courage.
Ne vous repofez pas , &c.

LA devife républicaine
Eft , *ou la victoire ou la mort ;*
De cette devife fans peine,
On pourrait deviner le fort. (*bis.*)
La fière liberté l'explique ,
Par les exploits de fes enfants ,
La mort aux foldats des Tyrans ,
La victoire à la République.
Ne vous repofez pas , &c. (*du Théatre de Paris.*)

26.

Air : *Allons , enfants de la Patrie.*

VAINQUEUR de l'hydre tyrannique ,
Peuple fouverain redouté ! . .
Le vaiffeau de la République
Eft plus que jamais agité ; (*bis.*)
Des Tyrans la ligue terrible
Redouble fes affreux fuccès ,
Et nous, guerriers froids & muets ,
Nous dormons d'un fommeil paifible !
Debout , Républicains ! allons tous à la fois ,
Allons *bis* exterminer jufqu'au dernier des rois.

DE leurs parricides cohortes
Nos Cités, nos champs sont couverts ;
Les voilà qu'ils sont à nos portes,
Ils donnent la mort ou des fers ; (*bis.*)
Le Nord, souillé de leur préfence,
Attefte leur atrocité ;
Si ce torrent n'eft arrêté,
Plus de liberté, plus de France !
Debout, Républicains ! allons tous à la fois,
Allons *bis* exterminer jufqu'au dernier des rois.

Du haut de la faine Montagne ,
Qu'au loin s'élance des volcans,
Qui d'Italie & d'Allemagne
Brûlent les trônes chancelants ; (*bis.*)
Qu'ils pulvérifent les Defpotes
De Londres, Madrid & Berlin ;
Que le monde, pour fouverain,
N'ait qu'un peuple de Sans-Culottes.
Debout, Républicains ! allons tous à la fois,
Allons *bis* exterminer jufqu'au dernier des rois.

C'EST peu de purger la frontiere
De ces efclaves forcenés :
Il faut purger la terre entiere
De tous les tigres couronnés ; (*bis.*)
Il faut anéantir la race
Des cannibales conquérants :
Du fouvenir de ces brigands
Que rien ne conferve la trace !
Debout, Républicains ! allons tous à la fois,
Allons *bis* exterminer jufqu'au dernier des rois.

SANS la liberté qu'est la vie ?
Un long, un pénible trépas ;
Et sans l'amour de la Patrie,
Que font les plus vastes états ? (*bis.*)
Un bois, où des monstres sauvages
S'enivrent du sang des humains,
Et nous tomberions dans les mains
De ces monstres antropophages !
Debout, Républicains ! allons tous à la fois,
Allons *bis* exterminer jusqu'au dernier des rois.

FANATIQUES de la Vendée,
Et toi, déplorable Lyon,
Voyez l'affreuse destinée
D'une aveugle rebellion ; (*bis.*)
La République vous invite
Au partage de ses lauriers,
Accourez, où sur vos foyers
Le peuple entier se précipite !
Debout, Républicains ! allons tous à la fois,
Allons *bis* exterminer jusqu'au dernier des rois.

SOUVENT on a juré sans gloire
Ou la mort ou la Liberté ;
Ne jurons plus que la victoire,
C'est jurer l'immortalité ; (*bis.*)
Du Tanaïs aux bords du Tibre,
Tout imitera ce serment,
Pour le monde entier renaissant,
Etre debout c'est être libre.
Debout, Républicains ! allons tous à la fois,
Allons *bis* exterminer jusqu'au dernier des rois.

A nos côtés s'il marche un traître,
Qui recule au bruit du canon,
Parmi nous s'il ose paraître
Un soldat de Pitt, de Bourbon,   (*bis.*)
Qu'à l'instant l'infame périsse !
Les traîtres sont trop pardonnés :
Parmi eux vendus, assassinés,
Faut-il leur être encor propice ?
Non, non, Républicains ! allons tous à la fois ,
Sachons *bis* exterminer les traîtres & les rois.

GUERRIERS, soutiens de la Patrie,
Des Tyrans illustres fléaux ,
Vous qu'une horrible perfidie
Mit sous le fer de ses bourreaux ,   (*bis.*)
N'accusez plus notre indolence
A profiter de vos leçons ;
Nous l'avons tous juré ; partons
Pour le triomphe & la vengeance.
Debout, Républicains ! allons tous à la fois ,
Allons *bis* exterminer jusqu'au dernier des rois.

OUI, la victoire impatiente,
Amis, nous appelle aux combats ;
Sous la Montagne triomphante,
Titres vains, autel, trône à bas ;   (*bis.*)
La Loi, voilà le diadême
D'un peuple libre & généreux ;
La Liberté, voilà ses dieux ,
Et sa grandeur est dans lui-même.
Debout, Républicains ! allons tous à la fois ,
Allons *bis* exterminer jusqu'au dernier des rois.

D 3

FILS des Gaulois, race d'Alcide,
Au combat volez les premiers ;
Vous allez, jeunesse intrépide,
Les premiers cueillir des lauriers,   (*bis.*)
C'est pour vous que brille l'aurore !
Les bienfaits de la Liberté !
Sur tout le globe, racheté,
C'est par vous qu'elle doit éclore.
Debout, Républicains ! allez tous à la fois,
Allez *bis* exterminer jusqu'au dernier des rois.

DE toutes parts le tocsin sonne ,
Hâtons-nous de nous réunir ;
Se montrer aux champs de Bellone ,
Ce sera vaincre & revenir ;   (*bis.*)
Dès-lors plus de Rois, plus de guerre ;
Le monde affranchi pour jamais
Jouit d'une éternelle paix ,
C'est un paradis que la terre.
Debout, Républicains ! allons tous à la fois,
Allons *bis* exterminer jusqu'au dernier des rois.

27.

Air : *Allons , enfants de la Patrie.*

VOICI l'instant où la nature
Reprend ses droits sur l'Univers ;
Depuis trop long-temps l'imposture
Tient la vérité dans les fers.   (*bis.*)
O toi suprême intelligence,
Chasse la nuit, détruis l'erreur ;
Et pour mettre un terme au malheur,

Eclaire aujourd'hui l'ignorance.
Amis, uniffons-nous, entrelaçons nos bras ;
Marchons *bis* à la victoire, & bravons le trépas.

O vous, qui trompiez nos ancêtres
Pour les enchaîner fous vos lois,
Cruels Tyrans, ou Rois, ou Prêtres,
Fuyez, l'homme a repris fes droits.　　(*bis.*)
Nos pères, nés dans l'efclavage,
Comptés comme de vils troupeaux,
Vous nourriffaient de leurs travaux,
Ou fervaient votre aveugle rage.
Amis, uniffons-nous, entrelaçons nos bras ;
Marchons *bis* à la victoire, & bravons le trépas.

Que la vertu, que l'innocence
Faffent aujourd'hui la grandeur ;
Que le repos, que l'abondance
Payent les foins du laboureur.　　(*bis.*)
Il eft temps de venger la terre ;
Brifons le fceptre & l'encenfoir.
C'eft en détruifant leur pouvoir
Que nous enchaînerons la guerre.
Amis, uniffons-nous, entrelaçons nos bras ;
Marchons *bis* à la victoire, & bravons le trépas.

FRAPPEZ, Tyrans ; lancez le foudre :
Nous méprifons votre courroux.
Réduifez nos foyers en poudre,
Plutôt que de régner fur nous :　　(*bis.*)
Bientôt, au fein de noirs abymes
Où vous précipitez vos pas,
Vous verrez vos propres foldats
Nous venger, & punir vos crimes.

Amis , uniſſons-nous , entrelaçons nos bras ;
Mérchons *bis* à la victoire , & bravons le trépas.

Toi , qu'appellaient en vain nos pères ,
Arme nos bras , ô Liberté !
Jurons par le ſang de nos frères
De mourir pour l'égalité.   (*bis.*)
Si , parmi nous , quelque parjure
Oſait profaner cet autel ,
Puiſſe à l'inſtant le feu du Ciel ,
Par ſa mort , venger la nature !
Amis , uniſſons-nous , entrelaçons nos bras ;
Marchons *bis* à la victoire , & bravons le trépas.

28.

FRANÇAIS , voici le jour à jamais mémorable ;
Il doit nous préſager un heureux avenir :
De tant de maux ſoufferts pour un projet coupable
Perdons le ſouvenir.

Eloignons de nos murs la diſcorde , la Guerre ;
Que les Loix & la Paix y regnent chaque jour ;
Que chaque citoyen retrouve en l'autre un frère
Qui l'aime ſans détour.

Assez & trop long-temps un Roi traître & parjure
Avait ſu nous tromper ſous les plus faux dehors ;
Les Loix nous ont vengé de ſa lâche impoſture ;
Il eſt au rang des morts.

❦

Les Loix nous ont vengé de l'infame Antoinette ;
Ses odieux complots ont été découverts :
Nous fommes tous témoins de fa trame fecrete
A nous forger des fers.

❦

Aimable Liberté, que mon pays adore,
Reçois de tout Français & l'hommage & les vœux :
Que ce jour fortuné qui pour nous vient d'éclore,
Parvienne à nos neveux.

❦

Toi, fainte Egalité, conferve l'équilibre ;
Lui feul eft le foutien de ce vafte Univers :
Souviens-toi pour jamais que la France eft libre,
Qu'il a brifé fes fers.

Par Lenormand.

29.

LES DIX COMMANDEMENTS
DE L'HOMME SOCIAL,

Deftinés à l'Inftruction de la Jeuneffe.

*Mufique du citoyen CORDONNIER, & chantés, dans
le Temple de la Raifon, le 10 Nivofe.*

Paroles de Germain Lenormand.

I

Adores l'Eternel & chéris ta Patrie ;
Aides le malheureux, prêtes-lui ton fecours ;
Refpectes les parens qui t'ont donné la vie,
Prends foin de leurs vieux jours.

2

Rappelles-toi, mon fils, que quand tu vins au monde,
Tu n'aurais pas vécu sans mille & mille soins ;
Que ta reconnaissance, en ressources fécondes,
Prévienne les besoins.

3

LES biens dont tu jouïs ne sont pas ton Domaine ;
Tes utiles talents ne viennent pas de toi :
L'homme n'amasse rien, malgré toute sa peine,
S'il n'agit qu'avec soi.

4

DE la fraternité reconnais l'avantage ;
L'homme naît, vit & meurt pour la Société :
Si l'homme restait seul, il n'aurait en partage,
Ni bonheur ni gaîté.

5

QUE l'austère vertu pour jamais t'accompagne ;
Sois juste, sois humain, fais du bien aux mortels :
Unis tes sentiments à ceux d'une compagne,
Par des nœuds éternels.

6

APPRENDS à tes enfants à chérir la Patrie ;
Qu'ils aiment le travail & qu'ils soient généreux :
Qu'ils respectent les Loix & n'emploient leur vie,
Qu'à faire des heureux.

7

JURES haine aux Tyrans ; jures de rester libre;
Du Despote orgueilleux ne t'approches jamais :
Qui de l'Egalité peut rompre l'équilibre,
Perd le nom de Français.

8

L'AIMABLE Liberté n'est point une licence ;
La candeur, la vertu ne souffrent point d'écarts :
L'homme en société respecte la décence,
    Il lui doit des égards.

9

LE vin, pris par excès, fait de l'homme une brute ;
L'ivresse le dégrade aux yeux de l'Univers :
Conserves ta raison ; car tu serais en butte,
    A mille maux divers.

10

N'ACCAPARES jamais aucune Subsistance ;
Sers-t'en pour tes besoins avec sobriété
Quand la terre produit ; l'Eternel ne dispense
    Qu'avec Egalité.

30.

H Y M N E.

Musique de GOSSEC.

TOULON, redevenu Français,
  N'étend plus ses regards sur une onde captive ;
Son roc, purifié par nos justes succès,
    Menace Albïon fugitive.
Les feux qu'ont allumés des ennemis pervers,
Qui, dirigés contre eux, ont foudroyé leurs têtes ;
    Et leurs vaisseaux, tyrans des mers,
    Sont pourfuivis par les tempêtes.

    IL fera par-tout abattu,
Le rival insolent d'un peuple magnanime.

Le Français, aux combats, marche avec la vertu ,
　　Et l'Anglais marche avec le crime.
Le pouvoir éternel, qui siège au haut des cieux ,
Du peuple souverain protège le génie ;
　　　Et les élémens furieux
　　　S'arment contre la tyrannie.

LES esclaves cherchent les Rois ;
Toulon vomit au loin ses habitants coupables :
D'autres mortels, plus purs, invoqueront nos Lois
　　　Sur ces rivages mémorables.
Abandonnant des cours l'asyle corrupteur,
D'autres traverseront la liquide campagne ,
　　　Et viendront chercher le bonheur
　　　Au Port sacré de la Montagne.

ANGLAIS , vos serviles vaisseaux ,
Teints du sang qui coula sous les remparts de Gênes ,
D'une Cité française osant souiller les eaux ,
　　　Venaient nous apporter des chaînes.
Les nôtres, à Plimouth portant l'égalité ,
Consoleront la Manche à des brigands soumise ,
　　　Et le jour de la Liberté
　　　Luira sur la sombre Tamise.

EN vain vous prétendez encor
Appesantir sur l'onde un trident tyrannique,
Rois , Ministres guerriers , vainqueurs avec de l'or ,
　　　Triomphant par la foi punique.
L'Univers se soulève ; il remet en nos mains
Le soin de recouvrer le public héritage ;
　　　Et les bras des nouveaux Romains
　　　Renverseront l'autre Carthage.

LEVE-TOI ;

LEVE-TOI ; reprends tes lauriers ;
Ceins d'olive & de fleurs ta tête enorgueillie ,
Fille de l'Océan , dont les flots nourriciers
    Baignent la France & l'Italie.
Sur ton sein généreux porte-nous les trésors
De l'onde Adriatique & des mers de Byzance ;
    Appelle & conduits dans nos ports
    Les doux tributs de l'abondance.

PEUPLE libre & triomphateur ,
Français , votre destin sera le sort du monde :
C'est un soleil nouveau dont l'éclat bienfaiteur
    Réjouit , anime & féconde.
Tout ressent , tout bénit ses rayons pénétrans ;
Tout suit , en l'invoquant , cet astre tutélaire ;
    Son feu , qui brûle les Tyrans ,
    Nourrit les peuples qu'il éclaire.

Par CHÉNIER.

31.

Air : *C'est ce qui me console.*

SANS tirer un coup de canon,
   Pitt avec de l'or prit Toulon ,
    C'est ce qui me désole. (*bis.*)
Le fer en main , le Français fort ,
Et Pitt a fait naufrage au port ,
    C'est ce qui me console. (*bis.*)

DES biens j'ai perdu le plus doux ,

Un homme libre, un tendre époux;
    C'est ce qui me défole. (*bis.*)
Mais, veuve d'un soldat français,
Je ne pense qu'à nos succès,
    C'est ce qui me console. (*bis.*)

COMPTANT son or & ses vaisseaux,
L'Anglais rit encore de nos maux;
    C'est ce qui me défole. (*bis.*)
Français! armés du fer vengeur,
Dans Londres portons la terreur;
    C'est ce qui me console. (*bis.*)

MARCHER sur Londres, c'est fort beau …
Mais pour ça faudrait passer l'eau;
    C'est ce qui me défole. (*bis.*)
Sur terre, oh! je me sens plus fort,
Et je vole…. à pied, vers le Nord;
    C'est ce qui me console. (*bis.*)

Par RÉAL.

32.

Air : Gloire aux Soldats Républicains.

GLOIRE à nos braves défenseurs!
  Que pour eux on fasse des fêtes;
D'un feu divin ils embrâsent nos cœurs:
Les lauriers ombragent leurs têtes…….
Liberté, tu fais la valeur,
La vertu, les biens, le bonheur.

DE l'Anglais le front est courbé

Sous fa honteufe politique,
Et l'odïeux Toulon a fuccombé
Sous l'effort de la République.....
Liberté, &c.

QUE de traîtres font confondus !
Eux qui fervaient la tyrannie :
Par nos guerriers les uns font abattus,
Les autres n'ont plus de patrie........
Liberté , &c.

33.

O D E.

DESPOTES orgueilleux, dont l'Europe avilie
Honorait, en tremblant, le pouvoir ufurpé,
Connaiffez les foldats d'un peuple détrompé ,
    Craignez la France rajeunie.

D'UN ridicule efpoir, vous fûtes enivrés ;
Voyez le fer vengeur fufpendu fur vos têtes,
Et n'efpérez jamais conferver des conquêtes
    Sur les Français régénérés.

DES traîtres, corrompus par l'or de vos miniftres,
A la flotte ennemie ont pu livrer un port ;
Mais de nos défenfeurs un feul & noble effort
    A détruit leurs projets finiftres.

QUOI ! trois peuples ligués ont acheté Toulon !
Naples, Londres & Madrid, unis pour le défendre,
N'auront donc remporté, de cette ville en cendre,
    Que débris & confufion !

Vous ne comptez jamais que fur la perfidie,
Agents déshonorés de Tyrans impofteurs,
Et, le fer à la main, nos bataillons vainqueurs
Abjurent la diplomatie.

En vain par vos tréfors des brigands foudoyés
De l'infâme Vendée inondaient la campagne ;
La foudre a retenti fur la faine Montagne,
Et dans leur fang ils font noyés.

La raifon a dompté l'hydre du fanatifme,
N'efpérez plus mouvoir un reffort trop ufé ;
Notre augufte Sénat tour-à-tour a brifé
Le fceptre & le fédéralifme.

Les peuples ont appris à dériver leurs fers,
Le genre humain reprend fes vertus naturelles ;
Et de l'égalité les douceurs fraternelles
Vont s'étendre fur l'Univers.

Pénétrez dans Toulon, cohortes intrépides,
L'opprimé vous appelle au fond de fes cachots ;
Et l'Anglais éperdu fait bouillonner les flots
Sous fes efcadres homicides.

Mais, dans les fouterrains, quel fantôme plongé
Vient frapper mes regards de fon ombre fanglante !
C'eft *Beauvais !* Il refpire ! Ah ! comblez fon attente :
Nous le pleurons, il eft vengé.

Par L. Fontaine.

34.

DANS L'HOSPICE DE L'HUMANITÉ A ROUEN.

STANCES.

Paroles de LENORMAND, & Musique de CORDONNIER.

VOus, qui de la vertu vous faites une étude,
    Dont le cœur eſt humain, ſenſible, officieux;
Vous dont la récompenſe eſt notre gratitude,
    Accourez dans ces lieux.

VENEZ voir vos égaux, vos amis & vos frères,
Languiſſamment couchés ſur un lit de douleurs;
Ils ne ſentiront plus le poids de leurs misères,
    Venez ſécher leurs pleurs.

ACCOURE à nos accents, ô flatteuſe Eſpérance!
Viens nous promettre à tous un plus doux avenir;
Diſſipe nos chagrins, éloigne la ſouffrance
    De notre ſouvenir.

RENDS à la fille en pleurs une mère chérie;
Rends un père à ſon fils; rends un frère à ſa ſœur;
Conſerve le Héros qui fut de la Patrie
    Le brave défenſeur.

AU milieu des accès d'une fièvre brûlante,
Au milieu des tourments plus cruels que la mort,

Console un malheureux, & qu'une main savante
Adoucisse son sort.

※

Vous qu'un cruel revers a rendu misérable,
Ne vous affligez point sur vos maux douloureux,
Des cœurs compatissants, des ames secourables,
Veulent vous rendre heureux.

※

Mortels, consolez-vouz, chérissez la Patrie ;
Vous êtes ses enfants, son appui, son espoir ;
Faire votre bonheur, protéger votre vie,
Vòilà son seul devoir.

※

Elevons un Autel à la reconnaissance ;
Nos égaux, en ces lieux, reçoivent des secours :
La tendre humanité, la douce bienfaisance,
Y veillent pour leurs jours.

※

S'il existait un cœur qui ne fût pas sensible,
Qui ne s'attendrît point sur les malheurs d'autrui ;
Ah ! s'il était frappé d'une main invisible,
Penserait-on à lui ?

※

Egoïste cruel, écoutes ta Sentence :
Quand tu seras frappé par un revers du sort,
Tu te verras privé de secours, d'assistance,
Aux portes de la mort.

※

Reviens de ton erreur, fais du bien à ton frère ;
Agis à son égard, comme à l'égard de toi ;

Sois juste, bienfaisant, humain par caractère,
Comme le veut la Loi.

35.

Air : *On compterait les diamants.*

LEs jours, les mois & les saisons
Tout cède aux lois de l'harmonie ;
De l'erreur les combinaisons
Font place au compas du génie :
Il trace le cours du destin,
Détruit celui de l'imposture,
Et calque l'an républicain
Sur la marche de la Nature.

A la voix des Législateurs
Un nouveau monde vient d'éclore,
Mensonges, préjugés, erreurs,
Tout disparaît à son aurore.
Le vieux cadran change soudain,
L'aiguille est perfectionnée,
Et le temps, d'un pas plus certain,
Marque les jours, les mois, l'année.

AUTOUR de ce cercle parfait,
Le bonheur va tourner sans cesse.
Que l'œil contemple ce bienfait,
Le chef-d'œuvre de la sagesse.
Brisons le monument grossier
Du mensonge & de l'ignorance,
Et du nouveau Calendrier
Chantons le père & la naissance.

VENDÉMIAIRE.

L'AIMABLE Automne ouvre, en riant,
La porte de la deſtinée,
Et ſa gaîté ſonne, en chantant,
La premiere heure de l'année.
Les ris, les jeux, l'amour, le vin,
Animent la nature entière,
Et Bacchus, le verre a la main,
Proclame le *Vendémiaire*.

BRUMAIRE.

DE la terre l'exhalaiſon
Vient épaiſſir notre athmoſphère ;
Le brouillard cache l'horizon :
Voila d'où naquit le BRUMAIRE.
Alors le ſage Agriculteur
Careſſe la terre amoureuſe,
Et jette en ſon ſein créateur
L'eſpoir d'une récolte heureuſe.

FRIMAIRE.

BIENTÔT la Nature vieillit,
L'Aquilon chaſſe ſa parure ;
Auſſi-tôt ſa beauté s'enfuit,
Et Frimat blanchit la verdure.
Chacun, auprès de ſon tiſon,
Se conſole avec ſa bergère ;
L'amour adoucit la ſaiſon
Et fait oublier le *Frimaire*.

NIVOSE.

LA neige tombe, & l'horizon
Eblouït l'œil de la triſteſſe ;
Tout vient refroidir la raiſon,
Tout paralyſe la tendreſſe.
Cette monotone blancheur

Vieillit jufqu'à la moindre chofe ;
Elle imprime un ton de douleur
Sur la nature & fur NIVOSE.

PLUVIOSE.

BIENTÔT le fluïde élément,
En fe mariant à la terre ,
Féconde le germe naiffant
Qui , dans peu , doit la rendre mère.
Fleuve, mer, fontaine & ruiffeau ,
De l'eau tout reçoit l'exiftence ;
Pluviofe eft l'enfant de l'eau ,
Et le père de l'abondance.

VENTOSE.

EOLE , en déchaînant les Vents ,
Détruit l'empire de Neptune ;
De leurs fouffles froids & bruyants ,
Tout reffent l'atteinte importune :
L'arbre gémit, crie & fe rompt ;
L'oifeau fuit d'une aile légère ;
Et l'homme répare l'affront
Fait, par *Ventofe*, à fa chaumière.

GERMINAL.

L'HIVER fuit, le Printemps renaît ;
La glace fond, le ruiffeau coule ,
La terre agit, l'herbe paraît ,
Et la nature fe déroule.
Germinal qui s'épanouït,
Du jeune âge parait l'emblême ,
Oui, l'âge, comme lui, s'enfuit ;
Mais, hélas ! revient-il de même ?

FLORÉAL.

ALORS le careffant Zéphyr
Vient éveiller l'aimable Flore ,

Et le fruit heureux du plaisir
Est la rose qui vient d'éclore.
A la raison offrons des fleurs,
C'est l'offrande de l'innocence ;
Que *Floréal* soit, pour les cœurs,
Le mois de la reconnaissance.

PRAIRIAL.

LES prés offrent, au laboureur,
Le fruit direct de la nature ;
Son bras nerveux, avec ardeur,
Fauche la fleur & la verdure.
L'heureux mois de la fenaison
Est aussi celui de l'ivresse,
Et *Prairial*, sur le gazon,
A vu renverser la sagesse.

MESSIDOR.

CÉRÈS, écoute les accents
D'un grand peuple, puissant & juste ;
Fais naître tes riches présents
Sous son bras fier, libre & robuste.
Il dédaigne l'argent & l'or,
Fer & bled sont les vœux du sage :
Qu'il trouve l'un dans *Messidor*,
L'autre sera dans son courage.

THERMIDOR.

L'ECLAIR brille, le vent mugit,
L'air s'enflamme, l'orage gronde ;
Le Nüage s'évanouït,
Et le soleil brûle le monde.
Thermidor, enfant de Vulcain,
N'offre que tempête & qu'orage ;
Mais l'homme se console au bain,
Ou sous la fraîcheur d'un ombrage.

FRUCTIDOR.

POMONE vient offrir le fruit
Que va cueillir la gratitude,
Et la République applaudit
A sa tendre soilicitude.
Ainsi sa bienfaisante main
Remplit nos greniers d'abondance,
Et de nos mois forme la fin,
En assurant notre existence.

LES SANCULOTIDES.

TROP orgueilleuse antiquité,
Tu vantais tes jeux olympiques ;
Ose, aux jeux de la vanité,
Comparer nos fêtes civiques :
Là tes historions corrompus,
Corrompaient des peuples timides ;
Ici la fête des vertus
Consacre nos *Sanculotides*.

36.

Air : *Aussi-tôt que la lumiere*, &c.

ON vit le français crédule,
Courbé devant ton Tyran,
Trembler dessous la férule
Des pédants du vaticant :
La raison l'a rendu libre,
Il punit ses assassins,
Et dans la fange du Tibre
Il relegue tous les saints.

CES édifices gothiques,
Long-temps nommés le *saint-lieu*,

Ne fervent plus de boutiques
Pour vendre ou pour croquer dieu.
Des autels le peuple chaſſe
Les héros du ſaint métier ;
Sa reconnoiſſance y place
MARAT & LEPELLETIER.

LA raiſon par-tout arbore,
Au lieu du divin gibet,
La banniere tricolore,
La pique & le fier bonnet.
Nos diables font les Deſpotes,
Nos prêtres font nos guerriers,
Les enfers font les dévotes,
Le paradis nos foyers.

SUR les autels de marie
Nous plaçons la Liberté ;
De la France le meſſie,
C'eſt la ſainte Egalité.
Nos forts font nos cathédrales,
Nos cloches font des canons,
Notre eau bénite des balles,
Nos *oremus* des chanſons.

Nos chaires où l'impoſture
Prêchait l'imbécillité,
Où l'on damnait la nature,
De par la divinité,
Aujourd'hui purifiées ,
Servent à la vérité
Pour vanter nos deſtinées,
Les vertus, la liberté.

DRACON JULIEN.
Air :

37.

Air : *Haine aux Tyrans.*

ASSEZ long-temps sur ces autels
On vint adorer le mensonge :
Grace à mes bienfaits, les mortels
Ont enfin achevé leur songe.
  Français, avec moi,
  Percez de la foi
  Le frivole mystere ;
  Mettez sous vos piés
  Les sots préjugés,
  La raison vous éclaire.

OUVREZ les yeux sur le danger :
Voyez dans la Vendée le prêtre,
Empruntant pour vous égorger
Le nom du plus grand maître.
  Français, avec moi, &c.

SOYONS égaux, disait Jesus,
Et son vicaire est sur un trône !
Jesus qui n'eut que des vertus
Et des épines pour couronne.
  Français, avec moi, &c.

POUR évangile ayez vos lois,
Et l'Hymne sacré pour cantique,
Pour enfer l'empire des rois,
Pour dieu la République.
  Français, avec moi, &c.

38.

Air : *Ah , quel dommage !*

NOus apportons les reliques
De la superstition,
Tous les saints & leurs tuniques,
En grande dévotion.
Contre la clique
Des brigands coalisés
Tous ces saints ont protesté,
Et veulent tous la République.

O Montagne, dont la gloire
Fait l'honneur du nom français,
Tes travaux & ta mémoire
Sont éternels à jamais !
A ton exemple,
Nous chérissons l'unité,
Nous voulons la liberté,
Ou vaincre, ou mourir dans ton temple.

39.

Air : *Réveillez-vous , belle endormie.*

LA fausse noblesse est la fille
De l'orgueil & de la fierté ;
L'esprit n'est point de sa famille,
Il est fils de l'égalité.

LES parchemins & les vieux titres
Sont anéantis par le feu.

Nos seuls amis sont nos arbitres,
La République est notre dieu.

L'ÉTERNEL, dans ce jour de fête,
Admire un Peuple souverain :
Il voit à plaisir sur sa tête
Le bonnet du Républicain.

LE fanatisme & l'imposture
Sont maintenant anéantis.
La voix seule de la nature
Nous rend freres, toujours unis.

CHANTONS vive la République,
La Raison & la Liberté,
Et que cet immortel cantique
De toutes parts soit répété.

40.

HYMNE.

QUELS accents ! quels transports ! par-tout la gaîté
    brille !
La France est-elle donc une seule famille ?
Aux lieux même où les rois étalaient leur fierté,
    On célebre la liberté...... (bis.)
Est-ce une illusion ? suis-je au siecle de Rhée ?
J'entends chanter par-tout d'une voix assurée :
» Nous ne reconnaissons, en détestant les rois,
» Que l'amour des vertus & l'empire des lois. »

Enfants, guerriers, vieillards, époufes, filles, meres,
Le riche citoyen, l'habitant des chaumieres,
Tous jurent, réunis par la fraternité,
De mourir pour la liberté.... (*bis.*)
En chaffant les Tarquins, Brutus ne vit que Rome :
Pour réformer le monde inftruit par ce grand homme,
» Nous ne reconnaiffons, en déteftant les rois,
» Que l'amour des vertus & l'empire des loix. »

O fpectacle enchanteur ! au nom de la patrie,
Tout s'anime, tout prend une nouvelle vie ;
Le vieillard femble encor, par fa vivacité,
Revivre pour la liberté.... (*bis.*)
Et l'enfant oubliant la faibleffe de l'âge,
S'irrite d'être jeune, & chante avec courage :
» Nous ne reconnaiffons, en déteftant les rois,
» Que l'amour des vertus & l'empire des lois. »

Jadis d'un oppreffeur l'injufte tyrannie
Affouviffait fur nous fa fureur impunie ;
Et l'homme vertueux, dans fa captivité,
Soupirait pour la liberté.... (*bis.*)
Aujourd'hui l'homme jufte a brifé fes entraves ;
Les Français indignés de s'être vu efclaves,
» Ne reconnaiffent plus, en déteftant les rois,
» Que l'amour des vertus & l'empire des lois. »

Peuples, qui gémiffez fous un joug tyrannique,
Venez voir le Français à fa fête civique ;
Comparez vos terreurs à la férénité
Des enfants de la liberté.... (*bis.*)
Comparez à vos fers ces guirlandes légères,

Que porte, en s'embraffant, tout un peuple de frères:
» Vous ne reconnaîtrez, en déteffant les rois,
» Que l'amour des vertus & l'empire des lois. »

41.

HYMNE A LA RAISON.

Paroles de CHÉNIER. *Mufique de* MÉHUL.

AUGUSTE compagne du Sage,
Détruis des rêves impofteurs ;
D'un peuple libre obtiens l'hommage,
Viens le gouverner par les mœurs.

O Raifon ! puiffante, immortelle,
Pour les humains tu fis la loi :
Avant d'être égaux devant elle,
Ils étaient égaux devant toi.

INSPIRE à l'active jeuneffe
Des exploits l'illuftre defir :
Accorde à la fage vieilleffe
Un doux & glorieux loifir.

VICTIMES d'intérêts contraires,
Les humains s'opprimaient entr'eux :
Réunis tous ces peuples freres,
Dont les rois ont brifé les nœuds.

TON éclat exempt d'impofture,
Reffemble à l'éclat d'un beau jour.

Ta flamme bienfaisante & pure
Rallume les feux de l'amour.

⁂

Sur tes pas, austere sagesse,
Amenant l'aimable gaîté,
Des arts la troupe enchanteresse
Vient consommer la liberté.

42.

Air : *De la Croisée.*

D'Un bon & franc Républicain
L'hyménée est la loi premiere ;
Du civisme dont il est plein,
Il brûle sa famille entiere :
Ces transports ne font pas sentis
Par le triste célibataire !
Pour savoir aimer son pays,
   Faut être époux & pere. (*bis.*)

43.

Air : *On compteroit les Diamants.*

Ami, mets ta main fur mon cœur,
   Tu sentiras que j'ai la taille
Tout comme toi ; rempli d'ardeur
J'grandirai l'jour de la bataille.
Les plus petits comme les plus grands
Savent combattre les Despotes :
C'est à leur haine pour les Tyrans
Qu'on doit mesurer les Patriotes.

Air : *De la Cataqua.*

L'ANGLAIS, que la trahison guide,
Etait entré fier dans Toulon ;
Mais, bientôt devenu timide,
Il s'est enfui comme un poltron :
L'Anglais est, dit-on, intrépide,
Mais il tremble au bruit du Canon.
    Fier Albion,
    Vous fuyez donc,
Vous agissez en brûleur de maison ;
    Je vous le jure, foi d'Alcide,
    Les Anglais s'en repentiront.

45.

Air : *Des Marseillais.*

FRANÇAIS, quelle métamorphose
Transforme nos Saints en lingots ?
La raison est enfin éclose,
Elle anéantit les cagots. (*bis.*)
De leurs ridicules mystères
Effaçons jusqu'au souvenir :
Que notre dogme à l'avenir,
Soit d'être heureux avec nos freres.
Français, la vérité qui brille à tous les yeux,
La liberté, l'égalité, voila quels sont nos dieux.

VOUTE si long-temps profanée
Par le plain-chant du calotin,
Tu ne seras plus parfumée
Que par l'encens républicain. (*bis.*)

Réjouis-toi : tes deſtinées ,
Loin d'un clergé ſot & frippon ,
A la nature, à la raiſon
Seront déſormais conſacrées.
Francais , la vérité qui brille à tous les yeux ,
La liberté, l'égalité , voilà quels ſont nos dieux.

SUR le tombeau du fanatiſme
Et d'une abſurde trinité ,
Eclairons le patriotiſme ,
Du flambeau de la vérité.
Aux diſcordes du culte antique
Faiſons ſuccéder l'union ,
Et que notre religion
Soit d'adorer la République.
Français , la vérité qui brille à tous les yeux ,
La liberté , l'égalité , voilà quels ſont nos dieux.

46.

Air : *Où courent ces Peuples épars ?*

CHANTONS nos immortels ſuccès :
Priſons , connaiſſez l'alégreſſe !
Dans les fers , nous ſommes Français.
Il a fui, l'inſolent Anglais !
Toulon, Cité lâche & traîtreſſe ,
Reçois le prix de tes forfaits ;
Pleure ton infàmie. (*bis.*)
Ah ! quand on eſt Français , change-t-on de Patrie ?

A l'abri des triſtes remparts
Que te livre la perfidie ,
C'eſt en vain qu'à tes Léopards
Tu joins les nouveaux étendards

De Naples & de l'Ibérie ;
Ils ont dit : Nos enfants de Mars,
Mourrons pour la Patrie, (*bis.*)
Ou puniſſons l'orgueil d'une horde ennemie.

ACCOUREZ à la Liberté ;
Accourez, Soldats magnanimes ;
Que ſous votre bras indompté ,
Soutenu par l'Egalité ,
Tombe un Peuple chargé de crimes :
Pour moi, dans les fers arrêté,
Fier de votre victoire ,
Je gémis, je n'ai pu partager votre gloire.
Par les Priſonniers de la Conciergerie.

47.

HYMNE A LA LIBERTÉ.

Air : *Veillons au ſalut de l'Empire.*

O Liberté ! Liberté ſainte !
Déeſſe d'un Peuple éclairé,
Règne aujourd'hui dans cette enceinte,
Par toi ce Temple eſt épuré.
    Liberté ! devant toi ,
La raiſon chaſſe l'impoſture ;
    L'erreur s'enfuit ,
Le Fanatiſme eſt abattu ;
Notre Evangile eſt la Nature,
Et notre Culte eſt la Vertu.

Le Chœur répète :

Liberté ! devant toi , &c.

TON Temple, aux rivages du Tibre,
Sous les Gracchus, eût pu fleurir 
Un peuple indigne d'être libre,
Sans les venger, les vit périr.
 Liberté, tu n'étais
Que la vaine idole de Rome;
 Mais ton triomphe
Est plus assuré parmi nous;
Ce n'est point le vœu d'un seul homme,
C'est le vœu, le besoin de tous.

Le Chœur.

Liberté, tu n'étais, &c.

LONG-TEMPS nos crédules Ancêtres
Laissèrent usurper leurs droits,
Liés de l'étole des Prêtres,
Courbés sous le sceptre des Rois.
 Qu'aux accents de ta voix,
Tombent les sceptres & les mîtres!
 Du genre humain,
Que les droits par-tout soient gravés!
Le monde avait perdu ses titres;
La France les a retrouvés.

Le Chœur.

Qu'aux accents de ta voix, &c.

ENFANTS d'une mère commune,

----

(1) Tibérius Gracchus consacra un Temple à la Liberté.

Les hommes en droits font égaux.
Mais l'Egoïfme & la Fortune
Avaient rompu des nœuds fi beaux.
    Liberté, grace à toi,
L'égalité nous fert d'enfeigne ;
    Le fot orgueil
N'a plus fes hochets infolents ;
On ne diftingue, fous ton règne,
Que les Vertus & les Talents.

Le Chœur.

Liberté, grace à toi, &c.

O quelle riante efpérance
Du monde embellit l'horizon !
Le vieux bandeau de l'Ignorance
Eft déchiré par la raifon.
    A ta voix, Liberté,
Le Prêtre s'éclaire lui-même ;
    Il devient homme,
Il veut fe rendre Citoyen.
La Tiare & le Diadême
Devant ce titre, ne font rien.

Le Chœur.

A ta voix, Liberté, &c.

QUELS tributs, à l'Etre Suprême,
Sont les plus dignes d'être offerts ?
Ceux d'un peuple, que le Ciel aime,
Puifqu'il a fu brifer fes fers.
    Liberté, fous tes Loix,
Oui, la morale eft plus augufte ;
    De fa lumiere,

Un cœur libre est plus pénétré.
Pour être bienfaisant & juste ,
Il ne faut ni Roi ni Curé.

Le Chœur.

Liberté , sous tes Loix , &c.

AIMER sa Patrie & ses frères ,
Servir le peuple souverain ,
Voila les sacrés caractères
Et la foi d'un Républicain.
D'un Enfer chimérique
Il ne craint point la vaine flamme ;
D'un Ciel menteur
Il n'attend point les faux trésors ;
Le Ciel est dans la paix de l'âme ,
Et l'Enfer est dans les remords.

Le Chœur.

D'un Enfer chimérique , &c.

ASSEZ d'objets , faux ou futiles ,
Avaient usurpé notre encens ;
C'est aux objets vraiment utiles
Qu'est dû le Culte du bon sens.
Oublions, abjurons,
Les préjugés & les chimeres ;
Que la Raison ,
Foulant à ses pieds les abus ,
Ouvre le siècle des lumières ,
De l'industrie & des Vertus.

Le Chœur.

Oublions , abjurons , &c.

CHANTONS,

CHANTONS, en ce jour d'alégreſſe,
Couvrons de fleurs & de lauriers,
Le Soc, la Bouſſole, la Preſſe,
Et la Pique de nos guerriers (1).
       Liberté, tes tréſors
Sont ſeuls dignes de nos hommages ;
       Grace au flambeau
Que tu fais luire déformais,
Nous honorons, dans ces images,
Les vrais biens que tu nous promets.

Le Chœur.

Liberté, tes tréſors, &c.

FAUT-IL qu'à cette fête heureuſe
Se mêlent des regrets amers ?
O Peuple ! quelle image affreuſe !
Quels amis, quels vengeurs tu pers !
       Pelletier & Marat
Tombent ſous des poignards impies.
       Quel crime, ô Ciel !
Quelle infame déloyauté !
On reconnaît à ces furies
Le Démon de la Royauté.

Le Chœur.

Pelletier & Marat, &c.

---

(1) Alluſion aux détails de la fête dans laquelle on
ſe propoſe d'honorer la valeur militaire, l'agriculture,
le commerce & la philoſophie, repréſentés par un faiſ-
ceau d'armes, une charrue, un navire, & une preſſe ty-
pographique.

G

O victimes de la Patrie !
O martyrs de la Liberté !
Le fer qui vous ôte la vie,
Vous donne l'immortalité.
Sur vos noms adorés
La gloire aujourd'hui se repose ;
La gloire encor
Vous unit Challier & Beauvais,
Et grave votre apothéose
Dans les cœurs de tous les Français.

Le Chœur.

Sur vos noms adorés, &c.

Et vous, Despotes de la Terre !
Monstres & Tigres couronnés !
Vous, auteurs d'une affreuse guerre,
Fédéralistes forcenés !
Ennemis des Français,
Lâches qui desiriez un maître,
La Liberté
S'affermit par vos propres coups,
Malgré vous, nous l'avons fait naître ;
Nous la garderons malgré vous.

Le Chœur.

Ennemis des Français, &c.

Sur la Montagne indestructible,
Dont les oracles nous sont chers,
Le Patriote incorruptible
Dicte la Loi de l'Univers.
Liberté, c'est de-là

Que sonne le Tocsin du monde.
    Tyrans , tremblez !
Fuyez, ô Superstitions !
Sur cette Montagne se fonde
La liberté des Nations.

Le Chœur.

Liberté , c'est de-là , &c.

⁂

LIBERTÉ , compagne fidèle
Des Loix sages , des bonnes mœurs !
Du Ciel même fille immortelle ,
Objet des vœux des plus grands cœurs !
    Liberté , d'un regard
Tu fais pâlir la tyrannie ;
    Sans toi , pour l'homme
Il ne peut être de bonheur.
Toi seule es l'ame du Génie ,
Et la mère de la Valeur.

Le Chœur.

Liberté , d'un regard , &c.

⁂

SOUTIENS, contre de vils esclaves,
Le courage de nos enfants !
Notre cause est juste, ils font braves ;
Fais-les revenir triomphans
    Quand par eux des Tyrans
La rage impuissante est punie ,
    Veillons pour eux ,
Et que la France, à leur retour,
Leur offre une famille unie
Par la nature & par l'amour.

G 2

Le Chœur.

Quand par eux des Tyrans, &c.

On répète la première Strophe.

O Liberté, Liberté sainte,
Déesse d'un Peuple éclairé !
Règne aujourd'hui dans cette enceinte,
Par toi ce Temple est épuré.
    Liberté, devant toi
La raison chasse l'imposture ;
    L'erreur s'enfuit,
Le fanatisme est abattu ;
Notre Évangile est la Nature,
Et notre Culte est la Vertu.

Le Chœur.

Liberté, devant toi, &c.

Par N. FRANÇOIS (DE NEUFCHATEAU.)

48.

COUPLETS PATRIOTIQUES,

Par RÉAL, *Subſtitut du Procureur de la Commune de Paris.*

Accompagnement de CHAMPEIN.

APRÈS mille siecles d'erreurs,
  Raison tu descends sur la terre ;
Remplis nos esprits & nos cœurs,
Reçois notre unique priere :
    Guerre aux tyrans,
    Guerre aux vils Feuillants,

Guerre à toi fanatique ;
 Mort aux brigands,
 Mort aux tyrans,
Gloire à la République.

⁕

QU'AVEC toi, fainte Liberté,
Reparaiffent les mœurs févères ;
Nivelés par l'égalité,
Ne foyons qu'un peuple de frères.
 Guerre, &c.

⁕

LE noble, raviffant notre or,
Crut nous réduire à l'efclavage ;
Tremble, monftre, il nous refte encor
Du fer, des bras & du courage.
 Guerre, &c.

⁕

PLUS de pitié ; que la terreur
Faffe aujourd'hui pâlir les traîtres,
Le prêtre régna par la peur,
Par la peur écrafons les prêtres.
 Guerre, &c.

⁕

QUOI ! Georges regne dans Toulon !
Quoi ! Frédéric brûle nos plaines !
Quoi ! conduit par la trahifon,
François regne dans Valenciennes !
 Guerre, &c.

⁕

QUOI ! de vos frères égorgés
Le fang vous demande vengeance !
Quoi ! vos amis affaffinés ! ....

G 3

Et l'on vous parle de clémence !
Guerre , &c.

❧

JEUNES Guerriers, pour les combats
Apprêtez vous, la trompe sonne ;
Que la vengeance arme vos bras,
Le tambour bat, le canon tonne :
Guerre , &c.

❧

AUGUSTE & simple égalité,
Répands tes bienfaits sur la terre ;
Sur le sol de la liberté,
Ni luxe insolent, ni misere.
Guerre , &c.

49.

HYMNE A LA LIBERTÉ.

Air : *La beauté fait toujours , &c.*

LIBERTÉ , verse en nous tes célestes lumieres :
Dans tous les cœurs fais germer les vertus.
Que tes enfants par-tout ne forment plus
Qu'un peuple de héros & qu'un peuple de freres. (*bis.*)

Premier des biens pour les mortels,
Nous voyons donc luire enfin ton aurore.
La douce égalité vient l'embellir encore,
Et te placer sur tes autels.
Pénétrés de tes saintes flammes,
Ton plus beau culte est dans nos ames.
Nature, enfin reprends tes droits ; (*bis.*)
La raison-*bis* nous rend à ses loix. (*bis.*)
Liberté , &c.

50.

PARODIE DU DUO DE ROLAND.

Paroles de LENORMAND.

LA gloire nous appelle ,
Volons tous fur fes pas ;
A tout Français fidele
La gloire tend les bras :
Par elle la victoire
Couronne la valeur !
Le fentier de la gloire
Eſt celui de l'honneur.

ENFANTS de la Patrie ,
Redoublez vos efforts ;
Car dès qu'on les déſie ,
Les Deſpotes font morts !
Leurs étreintes coupables,
Leurs funeſtes noirceurs ,
N'ont rien de comparable
Aux craintes de leurs cœurs.

51.

CHANT

PATRIOTIQUE

SUR la reprife de Toulon , & autres victoires des armées françaifes.

Air : *Des Marfeillais.*

LE crime livra ton rivage
A des Deſpotes corrupteurs ,
TOULON , la vertu , le courage

Ont été tes libérateurs.   (*bis.*)
D'Albion les hordes vénales
Des trahifons perdent le prix ,
Et de *Beauvais* fur leurs débris
Nous brifons les chaînes fatales.
La victoire a paffé fous nos faints étendards ,
Toulon .... *bis* n'eft plus en proie aux cruels léopards.

SOLDATS de la Grande-Bretagne ,
En vain retranchés dans des forts ,
Des fiers enfants de la Montagne
Vous penfiez braver les efforts.   (*bis.*)
La baïonnette étincelante ,
En dépit du double fecours
De vos redoutes , de vos tours ,
Dompta votre rage infultante.
La victoire a paflé fous nos faints étendards :
Toulon .... *bis* n'eft plus en proie aux cruels léopards.

VILS tyrans que la France abhorre ,
Près du VAR , voyez nos exploits ;
De TOULON le roc fume encore
Du fang des efclaves des rois :   (*bis.*)
L'art de la fourbe politique ,
Pour accomplir vos noirs projets ,
Sans fruit oppofe des forfaits
Aux armes de la République.
La victoire a paffé fous nos faints étendards ,
Toulon .... *bis* n'eft plus en proie aux cruels léopards.

DE l'Océan , fille propice ,
O mer qui portes nos vaiffeaux !
De la France tendre nourrice ,
A l'Anglais refufe tes eaux :   (*bis.*)

Que fur ton fein cet infulaire
Dans chaque flot trouve la mort ,
S'il ofe menacer le port
De la MONTAGNE tutélaire.
Ainfi que les humains , que tous lez éléments ,
S'arment *bis* pour détrôner & perdre les tyrans.

MAIS quoi ? tandis que nos phalanges
Dans TOULON cueillent des lauriers ,
Devant LANDAU quelles louanges
Méritent nos braves guerriers ?   (*bis.*)
Ils ont terraflé ces cohortes
Que contre nous vomit BERLIN ,
Et dont le courroux affaffin
De la France affiégeoit les portes.
LANDAU ne gémit plus fous le fer des tyrans :
Ils ont *bis* vu leurs fuppôts l'un fur l'autre expirants.

O vous ! défenfeurs intrépides ,
Qu'on vit triompher fur l'Efcaut ,
Frappez ces hordes homicides ,
Dont VIENNE inonde le Hainaut ;   (*bis.*)
Et que par vous l'arbre civique ,
Dans VALENCIENNES replanté ,
Purge le fol qu'ont infecté
Les pas de l'hydre defpotique.
Que l'Autriche ait fon tour , à l'orgueilleux FRANÇOIS ,
Montrez *bis* que les Français favent vaincre les rois.

ET toi Sinaï formidable ,
Montagne , l'appui des Français ,
Toi, des rois l'écueil redoutable ,
Et la fource de nos fuccès ,   (*bis.*)

D'une Cité reconnaiſſante
Entends retentir les accents ;
ROUEN célebre dans ſes chants
L'éclat de ta gloire impoſante.
Ecoute nos ſerments, accueille nos tranſports,
Toujours *bis* tu nous verras ſeconder tes efforts.

Par J. A. DENIZE, de Rouen.

---

5 2.

LA REPRISE

DE LA VILLE INFAME DE TOULON,

Air : *Des Marſeillais.*

QUELS ſons guerriers ſe font entendre !
Quels cris de mort frappent les airs !
Des flots de ſang.... Toulon en cendre.....
Les traîtres roulant dans les mers.... (*bis.*)
Oui , le Français, peuple de braves ,
Peuple enfant de la Liberté,
Vient de frapper avec fierté ,
Et les tyrans & leurs eſclaves.
Victoire , Citoyens ! chantons ce jour heureux ,
Chantons *bis* nos défenſeurs, & combattons comme eux.

LORSQUE l'amour de la Patrie
Arme nos bras, brûle nos cœurs ;
Lorſque la Liberté nous crie :
Vole aux combats, triomphe, ou meurs ; (*bis.*)
Ainſi qu'un lion intrépide ,
On voit le Français s'élancer :
Quel bras pourrait le terraſſer !
Un Français libre eſt un Alcide.

Victoire, Citoyens ! chantons ce jour heureux ,
Chantons *bis* nos défenseurs, & combattons comme eux.

LES Rodomonts de la Castille ,
L'insolent & féroce Anglais ,
Dans les vainqueurs de la Bastille
Ont retrouvé les vrais Français ;
Ils ont beau presser le carnage,   (*bis.*)
Brûler, faire sauter nos forts ,
Sur une montagne de morts ,
La Liberté s'ouvre un passage.

Victoire, Citoyens ! chantons ce jour heureux ,
Chantons *bis* nos défenseurs, & combattons comme eux.

TAMBOUR battant , mèche allumée ,
Bravant le fer & le canon ,
Couverts de sang & de fumée ,
Nos soldats entrent dans Toulon ;   (*bis.*)
C'est en vain que de cette place
Le feu jaillit de toutes parts ;
Forts, redoutes, canons, remparts ,
La mort même accroît leur audace.

Victoire, Citoyens ! chantons ce jour heureux ,
Chantons *bis* nos défenseurs, & combattons comme eux.

C'EN est fait , cette ville infame ,
Plus criminelle que Lyon ,
Va, par le fer & par la flamme ,
Expier sa rebellion.   (*bis.*)
Que la Liberté s'affermisse
Par les coups vengeurs de la Loi !
Et sur le corps du dernier roi ,
Que le dernier traître périsse.

Victoire, Citoyens ! chantons ce jour heureux ,
Chantons *bis* nos défenseurs, & combattons comme eux.

Par le Citoyen SALLES , auteur de l'Evangile des Républicains.

53.

C H A N S O N.

VOLE au secours de ta patrie,
Va défendre ta liberté;
Des traîtres, des tyrans, combats la ligue impie,
Venge les droits du peuple & de l'humanité.
Vole au secours de ta patrie,
Va défendre ta liberté.

AVANT que d'être ton amante,
Ton pays reçut tes serments;
Voici, voici l'instant de remplir son attente,
Citoyen, la patrie appelle ses enfants.
Avant, &c.

HÉLAS! que ne puis-je te suivre
Aux champs du Belge, aux bords du Rhin!
Heureuse, à tes côtés, si je cessais de vivre,
En recevant le coup dirigé vers ton sein!
Hélas! &c.

QUE le ciel veille sur ta vie!
Ce prix t'attend à ton retour:
J'unirai pour l'amant vengeur de la patrie,
Les palmes du civisme au myrte de l'amour.
Que le ciel veille sur ta vie!
Ce prix t'attend à ton retour.

LE

54.

LE VAISSEAU DE LA RÉPUBLIQUE.

Air : *Des Visitandines.*

ECOUTEZ la nomenclature
Du vaisseau de la nation ;
On voit sur la grande mâture
L'esprit de la convention :   (*bis.*)
A ce grand œuvre politique
Chaque autre mât est amarré ;
Et nos soldats font le beaupré
Du vaisseau de la République.   (*bis.*)

ON lit sur chaque banderole
Le nom de nos dignes héros ;
La liberté tient la boussole,
Nos décrets font les matelots ;   (*bis.*)
Par la surveillance publique
Est dirigé le gouvernail ;
Elle a sauvé par son travail
Le vaisseau de la République.   (*bis.*)

SOUS de favorables étoiles,
Il parcourt l'empire des eaux ;
Toujours voguant à pleines voiles,
Il brave la fureur des flots :   (*bis.*)
Chaque société civique
Le garantit des vents du nord ;
Nous verrons entrer dans le port
Le vaisseau de la République.   (*bis.*)

H

55.

L'INUTILITÉ DES PRÊTRES.

Air : Du Vaudeville des Visitandines.

VA, va, mon pere, je te jure
  Que par la mort des préjugés,
Les sentiments de la nature
Sont loin d'avoir été changés.
Pour chérir l'auteur de mon être,
Et voter son parfait bonheur,
Il me suffira de mon cœur,
Je n'aurai pas besoin de prêtre.

VICTIME foible, quoique sage,
Des religieuses erreurs,
O ma mère, sur ton visage
Pourquoi vois-je couler des pleurs ?
La routine te fait peut-être
Regretter un sot confesseur :
Verse tes chagrins dans mon cœur,
Un fils console mieux qu'un prêtre.

O mon épouse ! ô ma compagne !
Tu vois combien j'avais raison,
Tu sentiras tout ce qu'on gagne
A régler seul sa maison.
Etoit-il un guide plus traître
Que ce qu'on nommait directeur ?
Il te suffira de mon cœur,
Nous n'aurons pas besoin de prêtre.

VIENS, mon fils, viens aussi, ma fille ;

Ne craignez plus qu'un précepteur ;
En se glissant dans ma famille,
Vous souffle un venin corrupteur.
Pour vous faire à tous deux connaître
Les vrais principes de l'honneur,
Il me suffira de mon cœur,
Je n'aurai pas besoin de prêtre.

O vous que j'aime & que j'honore,
Des campagnes bons habitants,
On voudrait vous tromper encore ;
Mais attendez jusqu'au printemps.
Quand vous verrez les bleds renaître,
Quand vous verrez la vigne en fleur,
Avec nous vous direz en cœur :
Et tout ça va bien pourtant sans prêtre.

Je suis homme, & de mon semblable
Rien ne saurait m'être étranger ;
Dès que j'entends un misérable
Demander à boire, à manger,
Pour l'abreuver, pour le repaître,
Sans mettre à cela de valeur,
Je ne consulte que mon cœur,
Et je n'ai pas besoin de prêtre.

Examinez ce fin lévite
Et ce gros docteur de la loi ;
Tous les deux comme ils passent vîte
Près d'un blessé qui crie à moi !
Mais il survient un pauvre reître,
Qui par son baume est son sauveur.
Jésus veut dire qu'un bon cœur
N'est ni d'un riche ni d'un prêtre.

ENGEANCE adroite & fanatique,
Qui viviez jadis de l'autel,
Voulez-vous de la République
Obtenir un pardon formel ?
En uniforme, en cafque, en guêtres,
Armez vos bras d'un fer vengeur,
Et perdez, en prenant du cœur,
Votre caractère de prêtre.

ADIEU, pfeaumes, prières vaines,
Faites place à nos chants guerriers.
Loin des troupes républicaines
Les capucins, les aumôniers !
Pour ne pas recevoir de maître,
Et pour nous battre avec valeur,
Il nous fuffit d'avoir un cœur,
Nous n'avons pas befoin de prêtre.

LIBERTÉ ! pour fauver la terre,
Tu mis au jour l'égalité !
De l'égalité fans myftère,
Procède la fraternité.
O trinité de nos ancêtres !
Vaudrais-tu celle aux trois couleurs ?
Son culte eft fait pour tous les cœurs,
Les Français font les premiers prêtres.

ALORS qu'il me faudra defcendre
Au champ d'un éternel repos,
O mes amis, portez ma cendre
Sur l'herbe des riants côteaux ;
Et puiffe l'écorce d'un hêtre
Près de là dire au voyageur :
En ces lieux repofe un bon cœur
Qui n'y fut pas mis par un prêtre.

Et si l'on connaît l'existence
Par-delà ce terme fatal ;
Si Dieu, contre toute apparence,
Me citait à son tribunal,
Je ne craindrais point d'y paraître,
Et de lui dire en ma faveur :
Jamais je ne t'ai, dans mon cœur,
Cru semblable au dieu d'aucun prêtre.

56.

TENDRESSE MATERNELLE.

Air : *Pauvre Jacques, &c.*

Réveille-toi, mon fils, à mes accens,
   Viens sécher les pleurs d'une mère,
Appui qu'en vain espéraient mes vieux ans,
   Qui consolera ma misère ?   (*bis.*)
Gage sacré de nos chastes amours,
   Quand mes soins formaient ton enfance,
Dieux ! m'écriais-je, ah ! veillez sur ses jours,
   Son bonheur est ma récompense !
Réveille-toi, &c.

Mais tu reviens des ombres du trépas
   Consoler mon âme attendrie ;
Ton sang me dit : mère, ne pleure pas
   Ton fils mourant pour la patrie.
Réveille-toi, &c.

A ma douleur pardonne mon pays,
   Elle ne te fait pas injure ;

Laiſſe couler quelques pleurs ſur un fils !
   Mon cœur les doit à la nature.
Réveille-toi, &c.

QUE ma patrie épuiſe encor ce flanc,
   Je ſuis républicaine & mère :
La liberté va me payer mon ſang,
   Et conſolera ma miſère.
Réveille-toi, &c.

COUPLETS

Chantés à la plantation de l'arbre de la Liberté.

Air : *De Calpigy.*

ARBRE cher à toute la France !
  Quand dans ſon ſein tu pris naiſſance,
Penſais-tu qu'un jour le deſtin
T'offrirait un pareil feſtin ?   (*bis.*)
Penſais-tu qu'un jour ton feuillage
Réunirait ſous ſon ombrage,
Au lieu de rampants citadins,
Tant de braves Républicains ?   (*bis.*)

PENSAIS-TU que les Sans-culottes
Chaſſeraient bientôt les Deſpotes,
Et que le Peuple ſouverain
Briſerait leurs ſceptres d'airain ?   (*bis.*)
Penſais-tu qu'enfin pour éteindre
Cette race toujours à craindre,
On placerait ſur ſon chemin
La machine de Guillotin ?   (*bis.*)

POUR venger la mort de ces traîtres,
Soumis à leurs féroces maîtres,

On voit s'armer tous nos voisins,
Ahi povero Monarchiens!   (*bis.*)
Pour les punir de leur audace,
Les Français se lèvent en masse,
Et leur font rebrousser chemin.
Bravo, Peuple Républicain !   (*bis.*)

POUR servir leurs projets perfides,
On voit des Français parricides,
De leur mère entr'ouvrant le sein,
Diriger le fer assassin !   (*bis.*)
Mais calmons notre inquiétude ;
Et rions de leur turpitude ;
Ce ne font que des muscadins,
Et nous sommes Républicains.   (*bis.*)

Par le citoyen DUVERGER.

58.

VAUDEVILLE

Des petits Montagnards.

HEUREUX habitants des Montagnes,
  Chez vous règne la Liberté !
Elle eut, en tout temps, pour compagnes,
L'innocence & la vérité.
Ici, le soleil sans nuages,
Chaque jour, frappe vos regards ;
A vos pieds, voyez les orages,
Et soyez toujours Montagnards.

CE fut sur la Montagne antique
Que naquit l'homme libre & fier.
C'est de la Montagne helvétique
Que Tell pulvérisa Guesler.
Que dans la plaine, les esclaves
Rampent aux genoux des Céfars ;
Pour nous, sans maîtres, sans entraves,

Nous ferons toujours Montagnards.

LONDRES, Berlin, Vienne & l'Espagne
Prétendaient nous remettre aux fers ;
Mais du sommet de la Montagne,
Un dieu planait sur l'univers.
Par sa fermeté, sa prudence,
(Malgré leurs bataillons épars,)
La Montagne a sauvé la France :
Gloire immortelle aux Montagnards !

DE la Montagne inébranlable,
Le plus terrible des volcans
A frappé la foule coupable
Des satellites des tyrans.
La foudre a terrassé le crime,
Il ne souille plus nos regards ;
Et depuis ce moment sublime,
Tous les Français sont Montagnards.

Y a en ben qu'la crainte accompagne,
Qui n'sont pas ferm' sur leux jarrets ;
I voulont gravir la Montagne,
Et r'tombont toujours dans l'marais.
Ce n'est pas là leu route ordinaire :
I sont sujets à trop d'écarts......
Ils ont beau dire, ils ont beau faire,
Ils ne s'ront jamais Montagnards.

SUR la Montagne, dès l'enfance,
Nous en conservons la fierté.
Nous brûlons, avec tout' la France,
De l'amour de la Liberté.
Puiss' notre premiere campagne
Etre agréable à vos regards ! ....,
Vous êtes tous de la Montagne ;
Accueillez les p'tits Montagnards.

POESIE.

59.

P O É S I E.

Air : *De la fête des bonnes gens.*

Dans l'Europe avilie
Par la superstition,
La sotte idolâtrie
Passe pour religion.
En France on n'est pas si bête ;
L'erreur n'est plus de saison ;
Nous ne faisons qu'une fête,   (*bis.*)
La fête de la Raison.

Esclaves trop dociles
De leurs féroces tyrans,
Les Peuples imbécilles
Encensent d'heureux brigands.
Chez nous on tranche la tête
De Capet & de Toinon ;
Puis après on fait la fête,   (*bis.*)
La fête de la Raison.

De cet auguste Temple
Bannissons la vanité ;
Donnons-y tous l'exemple
D'une entiere égalité.
Qu'une concorde parfaite
Prouve à toute Nation
Que c'est bien vraiment la fête,   (*bis.*)
La fête de la Raison.

I

O mes amis, mes freres !
Retenons cette leçon ;
Sans des vertus aufteres,
LA LIBERTÉ n'eft qu'un nom.
Un cœur pur, un cœur honnête,
Sans vice & fans paffion,
Sont feuls dignes de la fête,   (*bis.*)
La fête de la Raifon.

DÉVOTS, ariftocrates,
Dans la trifteffe plongés,
Au fein des démocrates,
Abjurez vos préjugés.
Qu'une fi douce conquête
Ramene enfin l'union ;
Plus belle en fera la fête,   (*bis.*)
La fête de la Raifon.

REDOUBLONS de courage,
Qu'ils tremblent, tous les tyrans !
Sur eux fond un orage
Préparé depuis long-temps.
La victoire enfin s'apprête
A nous mener fans façon,
A Londres faire la fête,   (*bis.*)
La fête de la Raifon,

60.

CHANT

Sur l'anniverſaire de la mort du Tyran.

FIERS enfants de la liberté,
 Cherchez des fleurs, préparez des guirlandes ;
  Votre mere & l'égalité
Réclament en ce jour de nouvelles offrandes.
Doux chants de l'homme libre, élevés juſqu'aux cieux,
Célébrez le trépas d'un tyran ſanguinaire :
Du beau jour qui fut teint de ſon ſang odieux,
  Chantons le jour anniverſaire.

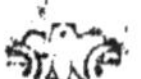

 TERRE, deviens ſenſible, ô ciel, attendris-toi !
Auguſte République, invincible déeſſe,
République à tes fils inſpire l'alégreſſe,
En mémoire du jour qui vit punir un roi.
Du parjure Louis l'équitable ſupplice
A de grands ſouvenirs rappelle les Français ;
Sur de longs préjugés, quels propices ſuccès
  Le peuple obtint, en lui rendant juſtice....

 FUNESTE erreur, public égarement,
Qui protégea les jours d'un roi ſouillé de crimes ;
Fanatiſme royal, fils de l'aveuglement,
La France a rejetté vos perfides maximes.
En demi-Dieu par vous le tyran érigé,
Inſpira vainement une fauſſe clémence ;
  Laſſé d'une folle indulgence,
  Le peuple trahi s'eſt vengé.

I 2

Iʟ s'eſt vengé ce peuple, il a trempé la terre
D'un vil ſang qui s'arma contre la liberté,
    D'un aſſaſſin qui fit la guerre
    A notre ſainte égalité.
Peuples qui gémiſſez dans d'indignes entraves,
    Quelle utile leçon pour vous !....
Belges, Anglais, Germains, Caſtillans & Bataves,
Contre vos oppreſſeurs, qui ſuſpend donc vos coups?...

Aʜ ! ſans doute bientôt des exemples terribles
Vont ſuivre cet exemple à l'Europe donné :
Des peuples ſont encor ſervilement paiſibles,
Mais d'un prochain réveil pour eux l'heure a ſonné.
Pour nous, en attendant leur triomphe & leur gloire,
    En attendant la défaite des rois,
    Volons de victoire en victoire
    Pour défendre & venger nos droits.

Par le citoyen Dᴇɴɪsᴇ.

61.

STANCES

A l'occaſion de l'anniverſaire du ſupplice du Tyran des Français.

Qᴜɪ vient troubler la paix qui regne dans ces lieux ?
Exiſte-t-il encore des ſcélérats célebres ?
Quelques nouveaux complots de ces ambitieux
    Percent-ils les ténebres ?
    Offenſent-ils nos yeux ?
Leurs crimes nous ont fait de bien vives bleſſures,

Pour en perpétuer l'éternel souvenir ,
   Tranfmettons-les à l'avenir ,
Et foyons les fauveurs de nos races futures.

FRANÇAIS, armons-nous tous, fondons fur les tyrans,
Nous leur avons juré la mort la plus terrible ;
Que nos coups redoublés pulvérifent leurs rangs ,
   Et qu'un carnage horrible
   Détruife ces brigands.

En Chœur.

Leurs crimes nous ont fait, &c.

AMI , raffures-toi , reviens de ton erreur ,
Rien ne trouble aujourd'hui nos citoyens paifibles ,
Ils jouiront bientôt d'un durable bonheur ,
   Et les efprits nuifibles
   Sont attérés de peur.

En Chœur.

Leurs crimes nous ont fait, &c.

UN an s'eft écoulé du moment où Louis,
Se jouant fans pudeur des peuples magnanimes,
Trahiffant les Français, par le trône éblouis,
   Fut puni de fes crimes
   Et forfaits inouis.

En Chœur.

Ses crimes nous ont fait, &c.

DISONS à nos enfants, difons à nos neveux ,

Combien ce roi parjure a faussé sa promesse ;
Combien il a trompé le peuple généreux
　　　Par une ame traîtresse
　　　Et des projets affreux.

En Chœur.

Ses crimes nous ont fait, &c.

Il livra son pays aux rois coalisés,
Il ligua contre nous, l'Angleterre, l'Espagne ;
Les trésors de l'Etat leurs furent dispensés,
　　　La Prusse, l'Allemagne
　　　Infectaient nos Cités.

En Chœur.

Ses crimes nous ont fait , &c.

Il fit assassiner nos braves défenseurs ,
Il fit assassiner les plus chauds Patriotes ;
Il avait rassemblé par de lâches noirceurs
　　　Les suppôts des despotes
　　　Dans son séjour d'horreur.

En Chœur.

Ces crimes nous ont fait, &c.

Pour immortaliser la vengeance des loix,
Pour la rendre à jamais utile , salutaire,
De la mort du tyran, du dernier de nos rois,
　　　Que cet anniversaire
　　　Nous rappelle nos droits.

En Chœur.

Ses crimes nous ont fait, &c.

REDISONS mille fois à la poftérité
Que le regne des rois eft un regne funefte,
Qu'il n'eft de vrai bonheur que dans la liberté,
Et qu'on obtient le refte
Avec l'égalité.

En Chœur.

Leurs crimes nous ont fait, &c.

Par GERMAIN LENORMAND.

62.

RONDE CIVIQUE.

Air : *Colinette au bois s'en alla.*

JADIS en France il exifta
Des grands par-ci, des grands par-là,
Trala déridera, trala déridera :
Mais on était, avec cela,
Vexé par-ci, pillé par-là,
Trala déridera, trala déridera.
L'émigré croit qu'il reviendra,
Que bientôt il triomphera :
Mais gare à fa tête !
Tra déridera la la la la la la la la
Trala déridera.

GILLES.

Si l'émigré vient, on le prendra, on l'empri-
fonnera, on le jugera, & chacun dira :
N'y a pas d'mal à ça, Colinette,
N'y a pas d'mal à ça.

LA PAYSANNE.

On dit qu'en France l'on verra
Des trahifons, par-ci, par-là,
Trala déridera :   (*bis.*)

Chacun de nous furveillera
Tous ceux que l'on fufpectera.
Trala déridera.   (*bis.*)
Le plus fin alors tâchera
De mieux cacher ce qu'il faura :
Mais gare à fa tête !
Trala déridera, &c.

G I L L E S.

Celui qu'on fufpectera, on le dénoncera, on
  l'emprifonnera, on le jugera, & chacun
  dira :
N'y a pas d'mal à ça, &c.

63.

H O M M A G E

A L'ARBRE DE LA LIBERTÉ.

Air : *Allons danfer fous fes ormeaux.*

FIER & fuperbe peuplier,
 Du bonheur fois pour nous le gage ;
Fier & fuperbe peuplier,
Couvre bientôt le monde entier.

JALOUX de t'offrir leur hommage,
Tous les peuples de l'univers,
Comme nous libres de leurs fers,
Viendront chanter fous ton ombrage :
Fier & fuperbe peuplier, &c.

AIR : *d'Exaudet.*

Arbre heureux
Et fameux
Qui m'infpire ;

Arbre de la liberté
Que nos mains ont planté,
Permets que je t'admire ;
    Ta hauteur,
    Ta fraîcheur
    Et ta grâce
M'offrent mille attraits divers
Que rien dans l'univers
    N'efface.
Mais quel autre objet fublime
Vois-je briller fur ta cime ?
    Un faifceau,
    Un drapeau,
    Une lance !
Tout français brûlant d'amour,
Vers toi cent fois le jour
    S'élance!
    Et quel roi
    Sans effroi
    Sur fon trône
Pourrait voir ce bonnet-là,
Qui fait pâlir déjà
L'éclat de la couronne !
    Gens de cour
    Qu'en ce jour
    Il outrage,
Puiffiez-vous, en le voyant,
Mourir tous à l'inftant
    De rage !

64.

J'voulons la république.

Air : *Que le sultan Saladin , &c.*

SI je n'voulons plus de rois,
C'eſt que j'préférons des loix
qui prouvent ce que nous ſommes,
Et nous vengent de ces hommes
Qui s'engraiſſaient des abus ;
    Com'ça
    N'faudra
Qu'du ſavoir & des vertus :
Ainſi j'voulons la république
    Seule & unique.   (*bis.*)

Fin du premier Nº.

Nota. Deſirant inſpirer à la Jeuneſſe la gaîté qui fut de tout temps le partage des Franç is , nous invitons nos Concitoyens de faire le choix des Hymnes, Stances, Odes , Cantiques, Chanſons, Vaudevilles & Couplets patriotiques qu'ils pourront réunir , afin d'en compoſer un recueil qui puiſſe ſervir de livre claſſique, & dans lequel les mœurs ſociales, les vertus civiques , la liberté, l'égalité & l'amour des Loix, ſoient à toujours reſpectées , comme baſes fondamentales de la République, & comme premier ſentier qui doit conduire à la raiſon univerſelle.

TABLE

Des Chanfons, Vaudevilles, Couplets patriotiques
& autres contenus dans ce premier Recueil.

Fin de la Table.

www.ingramcontent.com/pod-product-compliance
Lightning Source LLC
LaVergne TN
LVHW021452170726
843501LV00005B/1612